Wolfgang Kindler

Man muss kein Held sein
– aber …!

Verhaltenstipps für Lehrer
in Konfliktsituationen
und bei Mobbing

Verlag an der Ruhr

Titel:	**Man muss kein Held sein – aber …!**
	Verhaltenstipps für Lehrer in Konfliktsitutationen und bei Mobbing
Autor:	Wolfgang Kindler
Illustrationen:	Magnus Siemens
Druck:	Druck Thiebes GmbH, Hagen

Verlag: 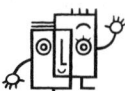 Verlag an der Ruhr
Alexanderstraße 54 – 45472 Mülheim an der Ruhr
Postfach 10 22 51 – 45422 Mülheim an der Ruhr
Tel.: 0208/4395450 – Fax: 0208/43954239
E-Mail: info@verlagruhr.de
www.verlagruhr.de

© **Verlag an der Ruhr 2006**
ISBN 978-3-8346-0064-6

geeignet für die Klasse 1 2 3 … 11 12 13

Gedruckt auf chlorfrei gebleichtes Papier.

Die Schreibweise der Texte folgt der reformierten Rechtschreibung.

7 Vorwort

9 Einleitung

19 Kapitel 1:
Gesellschaftliche Entwicklungen und Ursachen

20 Neue Schüler – Neue Eltern

25 Auswirkungen der Individualisierung auf die Erziehung

28 Individualisierung: Negative Folgen

41 Individualisierung kann zur Ich-Zentriertheit führen

51 Kapitel 2:
Theoretische Grundlagen

52 Konfliktverhalten

52 Konflikte und Bedürfnisse hängen zusammen

54 Schritte zur Konfliktlösung – die Konfliktmatrix

62 Unser Konfliktverhalten ist gesellschaftlich vermittelt

71 Ich-Botschaften und Du-Botschaften

83 Empathie

91 Kapitel 3:
Kommunikation

92 Trennung von Verhalten und Person

93 Das 4-Ohren-Modell nach Schulz von Thun

96 Das 100-Ohren-Modell

101 Nicht mit dem Beziehungsohr hören

103 Die Transaktionsanalyse

110 Beschreiben statt bewerten

111 Förderliches Gesprächsverhalten

115 Schlagfertigkeitstraining

121 Umgang mit direkten Angriffen und Beschimpfungen

130 Verhalten spiegeln

133 Konfrontieren

137   Kapitel 4:
Konflikttechniken

138   Auch ein Lehrer sollte nicht stören
140   Den Ordnungsrahmen herstellen
143   Kooperation
144   Körpersprache
155   Nicht drohen
157   Selbstkritik

159   Kapitel 5:
Klassenführung

160   Klassen brauchen einen Rahmen
162   Schüler beteiligen
164   Eltern einbeziehen
167   Sanktionen vorbereiten
170   Sanktionen als Konsequenzen

173   Kapitel 6:
Mobbing in der Schule

174   Mobbingvorwürfe können eine Waffe sein
178   Was ist Mobbing?
191   Wie kann man Mobbing wahrnehmen?
193   Präventionsmöglichkeiten gegen Mobbing
195   Intervention gegen Mobbing

198   Literaturtipps

Liebe Kolleginnen, liebe Kollegen,

dieses Buch hat das Ziel, Lehrern zu helfen, kompetent mit Schulkonflikten umzugehen. Das tut Not, denn viele Lehrer stehen den „neuen Schülern", wachsenden Disziplinproblemen und steigenden beruflichen Anforderungen hilflos gegenüber. Die ganze Misere kann wie folgt zusammengefasst werden:

Gut jeder zweite im Jahr 2001 pensionierte Lehrer hat den Schuldienst aus Gesundheitsgründen vorzeitig verlassen. 54 Prozent der knapp 15 900 neu Pensionierten haben 2001 der Schule vorzeitig den Rücken gekehrt. Im Jahr 2000 sind mit 64 Prozent sogar noch mehr Frühaussteiger unter den Lehrern gezählt worden. Dabei waren im Jahr 2001 mehr als ein Viertel der Frühaussteiger jünger als 55 Jahre. Oft handelt es sich dabei um einen „Frustausstieg". Einen Grund für die hohe Frühaussteiger-Quote sieht das Institut für deutsche Wirtschaft Köln im Fehlen von Modellen zum Konflikt- und Stressmanagement. Lehrer kapitulierten häufiger vor ihrem Alltagsstress als andere hoch beanspruchte Berufsgruppen wie Pflegekräfte und Polizisten, da ihnen kaum professionelle Beratung angeboten werde.

(Informationen aus: Institut der deutschen Wirtschaft Köln; www.iwkoeln.de)

Diese Darstellung deckt sich auch mit meinen Praxiserfahrungen, die ich in meiner langjährigen Tätigkeit als Gewaltberater an allen Schulformen gemacht habe. Sie deckt sich auch mit meinen Erfahrungen als Hauptseminarleiter. Die Rückmeldungen von Junglehrern über ihren Eindruck von der neuen Schule oder dem neuen Kollegium sind nicht immer schmeichelhaft: *„Viele Lehrer sind resigniert, sie wollen nur noch über die Runden kommen.",* so lauten typische Beobachtungen von Referendaren in ihren ersten Dienstwochen. Dies wird auch in Einzelberatungen mit gestandenen Kollegen deutlich, die sich sehr oft resigniert über ihre Situation in der Schule äußern:

„Es macht keinen Spaß mehr." – „Ich fühle mich ständig überfordert.
Und was ich bei Mobbing tun soll, weiß ich schon gar nicht. Das belastet
mich sehr." – „In meiner Klasse fühle ich mich wie ein Wachhund. Drehe
ich denen einmal den Rücken zu, geht das Theater los." – „Am liebsten
möchte ich aufhören." – „Der Job macht mich krank." – „Früher hätte
ich das nie gedacht, aber jetzt freue ich mich schon seit Jahren auf meine
Pensionierung."

Dass es sich hier nicht um Einzelfälle handelt, sondern um typische Erfahrungen von Lehrern, belegen auch die Ergebnisse einer Studie der Hamburger Universität und des Zentralinstituts für Arbeitsmedizin in Hamburg:

Im Vergleich zu Angehörigen vergleichbarer Berufe wie Richter, Ärzte und Architekten werden Lehrer zwar älter, sind jedoch häufiger krank und öfter frühpensioniert. Jeder zweite Lehrer scheidet vorzeitig aus dem Schuldienst aus. 84 Prozent der Befragten waren in ärztlicher Behandlung, von den Frauen gar 90 Prozent.

(Informationen aus: Sabine Etzold, Die Leiden der Lehrer, Die Zeit Nr. 48/2000)

Erfahrungen fließen in dieses Buch auch von einer anderen Seite ein.
Seit über zwölf Jahren leite ich eine Schülerarbeitsgemeinschaft, die es sich zur Aufgabe gemacht hat, durch ausgebildete Klassenpaten Mobbing in den Klassen zu verhindern, Ausgrenzungen entgegenzutreten und für ein positives Klassenklima zu sorgen. Die Erfahrungen dieser Gruppe mit Mitschülern und Lehrern bilden eine weitere Grundlage dieses Textes.

Schulmüdigkeit

Die Schulmüdigkeit von Lehrern hat viele Ursachen: inkompetente Behörden oder Zickzackkurse einer Kultusbürokratie, die ständig neue Reformprojekte absondert, um diese sowie die mit ihnen verbundene Arbeit kurze Zeit später zur Makulatur zu erklären (man erinnere sich nur an die mit großem Trara ins Leben gerufenen Schulprogramme). Weitere Gründe finden sich in verschlechterten Rahmenbedingungen wie mehr Pflichtstunden bei weniger Geld, der Überalterung der Kollegien, knappen Mitteln, den „neuen Schülern" (der Begriff hat sich seit Hensels Veröffentlichung zu den „neuen Kinder" durchgesetzt), den „neuen Eltern" und immer größeren Klassen (H. Hensel, Die neuen Kinder und die Erosion der Alten Schule, Bönen 1995). Große Klassen bedeuten nicht nur mehr Arbeit, sondern behindern auch die Klärung von Konflikten.

In Gruppen mit maximal 15 Teilnehmern werden Interaktionsmuster wirksam, die wir alle aus der Familie und vielfältigen Alltagssituationen in Gruppen kennen. Die Kleingruppe ist die von uns als normal und natürlich empfundene Gruppe. Wir können immer mitreden oder auch widersprechen, uns ansehen und Gesten, Mimik, Sprechklang und Aussagen im Zusammenhang deuten. Die Kleingruppe ist ein Kommunikationssystem, über das wir nicht weiter nachdenken müssen, die Feedbackschleifen funktionieren mit einer gewissen Automatik.

In großen Klassen werden also die gewohnten Muster, mit denen wir Konflikte angehen und gegebenenfalls lösen, außer Kraft gesetzt.

Veraltetes Disziplinarrecht

Belastend ist auch das Disziplinarrecht, das von der Grundannahme des leistungsbereiten und disziplinierten Schülers ausgeht, der vor Übergriffen einer autoritären Lehrerschaft bewahrt werden soll. Die Kollegen, die einmal vor dem Problem standen, einen aggressiven und nicht einsichtigen Schüler von der Schule zu verweisen, wissen, wie wenig das geltende Schulrecht Klassen und Lehrer vor antisozialen Übergriffen Einzelner schützt.

Während eines Fortbildungstermins an einer Hauptschule wurde ich zufällig Zeuge der folgenden Szene: Die Tür zum Schulleiterzimmer war nur angelehnt. Ich vermute, das war mit Absicht geschehen. Der Schulleiter hatte Besuch von der vorgesetzten Behörde. Ein distinguierter Herr sprach auf ihn ein:

„Im Prozessfall haben wir keine Chance", hörte ich.
„Nehmen Sie die Entlassung von der Schule zurück."

Was war geschehen? Ein aggressiver Problemschüler der 8. Klasse hatte wiederholt jüngere Schüler geschlagen und misshandelt. Sämtliche pädagogischen Interventionen und Maßnahmen blieben ohne Erfolg. Zum Schluss hatte der Junge einen Schüler der 5. Klasse ins Gesicht geschlagen und auf den Fahrradständer geschleudert, sodass dieser ambulant im Krankenhaus behandelt werden musste. Daraufhin beschloss die Lehrerkonferenz einstimmig den Verweis von der Schule. Dies wollte die vorgesetzte Behörde rückgängig machen, mit dem Hinweis, dass der Schüler noch der Schulpflicht unterläge. Vor Gericht habe man deshalb schlechte Chancen. Mit erheblicher Lautstärke antwortete der Rektor, dass er eine Fürsorgepflicht für die anderen Kinder habe, deren Gesundheit durch diesen Schüler ständig gefährdet sei.

„Dann müssen Sie die Aufsicht entsprechend verstärken."
„Das macht deshalb keinen Sinn, weil die meisten Übergriffe außerhalb des Schulgeländes auf dem Schulweg stattfinden. Oder sollen wir diesem Schüler vielleicht ständig eine Art Leibwache stellen?"

„Herr Kollege, werden Sie nicht lächerlich. Ich muss Sie bitten, die Verweisung von der Schule zurückzunehmen."

„Mach ich nicht."

„Das können wir anordnen."

„Gut, machen Sie das. Aber dann trete ich mit sofortiger Wirkung von meiner Stelle als Schulleiter zurück."

Nach einigem Hin und Her verabschiedete sich die Schulaufsicht mit dem Hinweis, dass man tun werde, was möglich sei. – So weit ich weiß, musste der entsprechende Schüler endgültig die Schule verlassen.

Noch schwieriger wird die Situation, weil viele Eltern sich inzwischen entweder der Zusammenarbeit mit der Schule komplett entziehen oder bei Konflikten sofort ihre Anwälte einschalten: Nicht nur, weil sie meinen, dass ihrem Kind Unrecht geschieht, sondern auch, wenn sie die Chance sehen, etwas herausholen zu können. Eine Reform ist hier mehr als überfällig. Das geltende Recht und die Verwaltungsvorschriften fordern in Konfliktfällen vom Lehrer die Beweislast, so abstrus die Vorwürfe gegen ihn auch sein mögen. So müssen Einsprüche gegen Schulnoten nicht einmal begründet werden. Würden die Gerichte so mit Polizeibeamten umgehen, würde kein Strafmandat mehr ausgestellt werden.

Besonders Haupt-, Gesamt- und Sonderschullehrer sind oft ratlos, wie sie sich gegen lernunwillige Schüler durchsetzen können. Werden die Kollegen nicht vom Elternhaus unterstützt, was häufig der Fall ist, so haben sie kaum Möglichkeiten, besonders aggressive, störende oder verhaltensauffällige Schüler erfolgreich zu sanktionieren.

Das Interesse der gesamten Klasse, nämlich ungestört und systematisch zu lernen, wird in Erlassen und Verwaltungsvorschriften zu wenig beachtet. Viele Schüler dieser Schulformen wissen, dass sie eigentlich nichts zu verlieren haben. Die schlechten Abschlussnoten sind für viele in weiter Ferne oder uninteressant. Sie lernen, dass ihr Verhalten, so aggressiv und störend es sein mag, folgenlos bleibt.

Veraltetes Disziplinar-Recht

Ein Referendar berichtete mir schockiert von seinen ersten
Hospitationsstunden in einer Gesamtschule:

„Mathematik in der 9. Klasse. Ich saß mit einem weiteren Referendar
hinter der letzten Reihe. Vorne bemühte sich der Lehrer, erklärte, hatte
ein sorgfältiges Tafelbild entwickelt. Vier oder fünf Schüler aus den
ersten Reihen machten ein bisschen mit, einer schien richtig interes-
siert. In der Mitte träumten die meisten dumpf, aber still vor sich hin.
Vor uns, in der letzten Reihe, spielten vier türkische Jungen Karten.
Den Unterricht bekamen sie nicht mit. Aber sie waren dabei leise.
Als wir den Kollegen auf die Situation ansprachen, sagte er nur:
‚Was kann ich denn machen?'“

Ein Indiz für diese unhaltbaren Zustände sind folgende Themenwünsche
bei schulinternen Lehrerfortbildungen: *„Wie schützen wir uns als Lehrer-*
innen gegen Übergriffe und Beleidigungen muslimischer Schüler?"
(Hier ging es selbstverständlich nicht um alle, sondern um eine aggressive
Gruppe muslimischer Schüler.) *„Wie können wir notorische Gewalttäter*
erfolgreich sanktionieren und Mitschüler vor ihnen schützen?" –
„Welche Konzepte bieten sich gegen Dauerstörer an?" – *„Wie gehen*
wir mit Schulverweigerern um?"

Die Schulleiterin einer Brennpunkthauptschule berichtet:

„Von unseren 354 Schülern ist ungefähr ein Drittel, was den Disziplin-
bereich betrifft, problematisch. Ungefähr 20 Prozent sind Mitglieder
in Banden. Und bei einem Streit passiert oft Folgendes: Ein Banden-
mitglied schickt eine SMS an irgendwelche Jugendliche, die nicht zur
Schule gehören, und ein Mitglied einer anderen Bande wird dann von
acht Leuten nach der Schule ‚abgeholt'. Das Ganze wird durch Schwei-
gen verschleiert. Und wenn wir mal einen erwischen? Oft werden die
Schläger durch ihre Eltern gedeckt. Die Polizei hat resigniert. Selbst
brutale Schläger kommen mit Bagatellstrafen davon. Und Schulstrafen?
Da lachen die meisten nur. Von der Schule schmeißen? Wohin denn?
Es besteht ja Schulpflicht. Und die Behörde hilft uns nicht."

Dass sich viele Schüler daran gewöhnt haben, dass unsoziale und selbst kriminelle Verhaltensweisen folgenlos bleiben, veranschaulicht folgende Darstellung eines Hauptschullehrers:

„Von meinen 23 Praktikanten in der 9. Klasse sind sechs nach den ersten drei Tagen wegen Diebstahls aus dem Praktikum entlassen worden. Zwei hatten mit einem ‚mitgenommenen' Einkaufswagen versucht, CD Spieler in großem Stil zu stehlen. Sie und die Eltern reagierten fassungslos, dass der Betrieb auf einer Anzeige bestand, und argumentierten: ‚Man kann den Kindern doch nicht wegen so einer Kleinigkeit die Zukunft verbauen.'"

Ähnliches Verhalten findet sich auch an Gymnasien. So forderten Eltern, die zusammen mit ihren Kindern wegen einer im Internet veröffentlichten Todesanzeige eines – lebenden – Mitschülers zu einem Gespräch beim Schulleiter bestellt wurden, in Zukunft nicht mehr wegen solcher Lappalien belästigt zu werden. Ein permissives Schulrecht macht einen Sinn in geordneten Verhältnissen. Gegenwärtig schadet es den Lernwilligen und lässt Lehrer verzweifeln.

Veränderte Kinder – veränderte Eltern

Die Schüler haben sich wirklich verändert und ihre Eltern auch. Das zeigt sich in einer veränderten Motivationshaltung, in geringerer Konzentrationsfähigkeit, in erhöhten disziplinarischen Auffälligkeiten – die Hochkonjunktur pädagogischer Ratgeber ist ein sicheres Indiz dafür –, im Verfall schulischer Autorität, in erhöhter Beschwerdebereitschaft, in erhöhten Ansprüchen und wachsender Ratlosigkeit zugleich auf der Elternseite. Das wiederum führte zu entsprechenden Reaktionen bei vielen Lehrern: *„Mit diesen Kindern komme ich einfach nicht klar. Ich kann tun und machen, was ich will, aber ich komme mit denen nicht klar."* Es gibt aber viele Verhaltensmuster, die außerhalb der Schule entstehen, die sie belasten, ohne dass der einzelne Lehrer zunächst einen Einfluss auf sie hat, genauso wenig, wie der einzelne Lehrer unmittelbaren

Einfluss auf politische und institutionelle Vorgaben hat. Und wenn Eltern auf Pflegschaftsversammlungen oder in Sprechstunden, am liebsten in Begleitung ihrer Nachkommen, beklagen, dass „es heutzutage leider keine Lehrer gibt, die noch Autorität ausstrahlen", so ist dies eben in erster Linie nicht Schuld der attackierten Kollegen, sondern Schuld einer neuen Elternschaft, die nachdrücklich das beschädigt, was sie lautstark einfordert.

Damit soll der Einfluss, den Lehrer trotzdem auf ihre Klasse ausüben, nicht kleingeredet werden. Wir können auf die schlechten Bedingungen und die schwieriger gewordenen Unterrichtsbedingungen reagieren. Und vieles, nicht alles, zum Positiven wenden.

Die klassische Lehrerausbildung

Viele Kollegen verstehen die neuen Schüler und Eltern nicht mehr. Und sie wissen, dass die klassische Lehrerausbildung (heutige Referendare lernen mehr über den Umgang mit Störungen) eine Menge an Konzepten bereitgestellt hat, um Lernziele zu dimensionieren und zu hierarchisieren, jedoch wenig oder gar nichts, um mit Übergriffen einzelner Schüler oder mit unruhigen Klassen umgehen zu können. Solch ruinöse Vorschläge vielleicht ausgenommen: *„Wenn Sie in die Klasse kommen und da herrscht Unruhe. Was machen Sie dann? – Ganz einfach. Gar nichts. Sie warten ab, bis die Klasse von selbst ruhig ist. Meistens geht das ganz schnell."* Falls Sie einmal stumm vor einer Klasse von lärmenden Pubertierenden in der 6. Stunde abgewartet haben, bis Ruhe eintritt, um dann mit Elan die Stunde durchzuführen, werden Sie festgestellt haben, dass 15-Jährige sehr, sehr ausdauernd lärmen können. Und Ihr eigener Elan geht dann schnell zum Teufel.

Ähnlich hilfreich ist auch der Hinweis, dass eine gute Vorbereitung und guter Unterricht Störungen verhindern können. Es ist unbestritten, dass interessanter und guter Unterricht seltener gestört wird, aber es ist naiv anzunehmen, dass die sorgfältigste Planung in jedem Fall aggressives Verhalten verhindern kann. Vor allem, da die wachsende Unterschiedlichkeit innerhalb der Klassenverbände eine optimale Planung zur Quadratur des Kreises werden lässt. Kollegen, die dem obigen didaktischen Unfug aufsitzen, werden folglich irgendwann verzweifeln. An sich selbst.

Die Grenzen von Konzepten

Neben den leicht zu durchschauenden Defiziten dieser Vorschläge bergen auch klügere Rezepturen eine weitere, gefährlichere Schwäche in sich, gerade weil sie weniger offensichtlich sind. Diese Rezepte behaupten nicht selten, sie seien Königswege zum Erfolg, unterschlagen aber dabei, dass jedes Verhalten zunächst an der Person des Handelnden selbst hängt. Brüllt eine Kante von Mann: *„Ruhe!"*, dann erschrecken die ersten drei Reihen und sind vermutlich wirklich still, zumindest eine Zeit lang.

Piepst dagegen jemand, der gerade 1,60 m misst, mit sich überschlagender Stimme dasselbe, löst dies Heiterkeit aus – oder, um es auf das Niveau zeitgenössischer Pädagogik zu liften: Nur ein Lehrer, der selbst an Mandalas glaubt, kann seine Klasse zum Malen von Mandalas anhalten, um Ruhe in die Seelen der Schüler einziehen zu lassen. Wer diesen Vorschlag peinlich findet, wird durchschaut. Doch auch wenn ein Lehrer in

Man muss kein Held sein – aber...!

Übereinstimmung mit Konzepten und Maßnahmen handelt, ist ein Erfolg keinesfalls garantiert. Auch wenn er einen Schüler korrekt mit einer Ich-Botschaft um einen anderen Ton bittet, muss dieser noch lange nicht wie erhofft reagieren. Theorien dürfen hier keine falsche Sicherheit geben. Und vieles, was in kommunikativen Botschaften vorgeschlagen wird, ist weit von der Praxis entfernt – und schadet bei unreflektierter Übernahme. Trotzdem machen kommunikative Vorgehensweisen einen Sinn. Es ist wahrscheinlicher, um in dem Beispiel zu bleiben, dass eine Ich-Botschaft den Adressaten erreicht als ein rüder Befehl. Nur: Sicher ist es nicht. **Die Vorschläge dieses Buches wurden in der Praxis erprobt.** Sie taugen aber nur dann für Sie, wenn Sie diese für sich selbst als richtig und geeignet akzeptieren.

Selbstvorwürfe sind häufig unbegründet

Um Selbstvorwürfen entgegenzuarbeiten, aber auch um erste Hinweise zu geben, wie Lehrer auf veränderte Schüler und Eltern reagieren können, soll anhand von theoretischen Klärungen und vielen Beispielen aus der Praxis zunächst sehr deutlich und kritisch auf die Entwicklungen eingegangen werden, die Heitmeyer als Schattenseiten der Individualisierung beschreibt. Um nicht missverstanden zu werden:
Nicht alles ist schlecht heute, und nicht alles ist schlechter geworden.
Allerdings gibt es neue Probleme, auch mit einer neuen Qualität.
Sie zu beschönigen, wäre Unfug. Weil sie existieren.

Dass dieser mitunter aggressive erste Teil meines Buches nicht als Vorwand für Law-and-Order-Methoden dienen soll, auch nicht einem populistischen Kalkül folgt, zeigen die weiteren Kapitel, in denen es um konkrete, kommunikative Methoden geht, die den Umgang mit „neuen" Schülern und „neuen" Eltern erleichtern sollen. Denn ich kann erst dann sinnvolle Maßnahmen entwickeln, wenn ich die Ursachen von Fehlverhalten und Störungen kenne. Außerdem kann es entlastend sein, auch im Hinblick darauf, etwas zu verändern, wenn ich erfahre, dass ich nicht an allem die Schuld trage.

Man kann etwas tun, aber haben Sie Geduld

Allerdings sollten die vielfachen Schwierigkeiten, auf die Lehrer heute treffen, auf keinen Fall dazu führen, zu resignieren. Wenn beispielsweise unsere Lehrerausbildung uns nicht in die Lage versetzt hat, mit schwierigen Schülern umzugehen, können und sollten wir uns selbst weiterqualifizieren. Denn die Klage über undiszipliniertes Verhalten, über im wahrsten Sinne des Wortes unerzogene Kinder ist zwar im Moment entlastend: Sie hilft aber nicht, Ihre Situation zu verbessern. Wenn wir Schwierigkeiten haben, die neuen Schüler und neuen Eltern zu verstehen und entsprechend zu reagieren, sollten wir uns schlau machen. Dieses Buch soll Ihnen dabei helfen. Vielleicht wird es Sie ärgern, wenn Sie zunächst keine handfesten Hinweise bekommen, was in welchem Fall wie zu tun sei. Diese Erwartung muss ich enttäuschen. **Sinnvolles Handeln basiert auf Einsichten und Wissen. Simple Rezepturen gelingen nicht.**
Deshalb wird in diesem Buch ein auf den ersten Blick umständlicherer Weg beschritten. Im folgenden Teil werden zunächst unterschiedliche Verhaltensweisen heutiger Kinder und Jugendlicher in Beispielen beschrieben und in den theoretischen Zusammenhang fortgeschrittener Individualisierung eingeordnet. Damit soll nicht nur das Verstehen von heutigen Jugendlichen ermöglicht werden, sondern auf diesem Hintergrund stehen auch die sich anschließenden Konzepte zum Umgang mit schwierigen Schulsituationen. Auch hier wird ähnlich verfahren: Anfangs werden jeweils knappe theoretische Darstellungen gegeben, denen Veranschaulichungen, Verhaltens- oder Eingriffstrategien oder konkrete Vorschläge folgen. Nur so lassen sich die Beispiele auf Ihre Situation und Ihren Unterricht anpassen.

Gesellschaftliche Entwicklungen und Ursachen

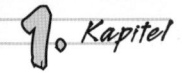

Neue Schüler – Neue Eltern

Jeder Lehrer, der länger im Dienst steht, hat es wahrgenommen: Die Kinder und Jugendlichen verändern sich, entwickeln Selbstverständlichkeiten und Verhaltensmuster, die alt gedienten Lehrern oftmals schwer zugänglich sind. Die Klagen über die „neuen Kinder" (Hensel 1995) häufen sich. Es hat sich eine Entwicklung vollzogen, vor der viele Lehrer fassungslos stehen. Dabei wäre es allerdings töricht und ein Irrweg, die modernen Schüler nur aus der Perspektive des erfahreneren Älteren in nostalgischer Klage zu bemängeln.

Um es vorwegzunehmen: Es wird keinesfalls alles schlimmer.

Kinder und Jugendliche weisen heute unter günstigen Sozialisationsbedingungen Fähigkeiten auf, um die sie viele Lehrer beneiden: Sie sind offen, kritisch, lebensfroh und selbstbewusst. Das Zerbrechen alter Normen und Erziehungsvorschriften ist auch eine Befreiung, die viele Eltern sinnvoll und im Sinne ihrer Kinder zu nutzen wissen. Allerdings rufen diese Kinder nicht Ratlosigkeit oder sogar Zorn bei ihren Lehrern hervor. Diese „gelungenen" Kinder, die nicht die Ausnahme sind, werden deshalb zu gerne übersehen. Sie bereiten eben keine Schwierigkeiten.

Die folgende Darstellung soll helfen, die schwierigen Kinder zu verstehen und zu begreifen.

Eine Mathematiklehrerin in der 9. Klasse eines Gymnasiums. Sie kontrolliert die Hausaufgabe. Ein Schüler, erheblich versetzungsgefährdet, meldet sich:

„Ich hatte keine Zeit, die Hausaufgaben zu erledigen."
„Was war denn los?"
„Erst war ich mit meinen Großeltern essen. Danach musste ich zum Tennistraining. Da muss ich ja hin, dafür zahlen meine Eltern ja Geld. Dann ist es zu spät geworden."

Ein Sportlehrer in der 8. Klasse einer Hauptschule. Der junge, engagierte Lehrer hat mit viel Mühe einen Hinderniskurs entwickelt und aufgebaut, den die Schüler überwinden müssen. Sie murren.

„Was habt ihr eigentlich."
„Kein Bock, ist langweilig."

Ich komme hinzu, wie zwei Schüler einen anderen Schüler in die Mangel nehmen, unterbreche die Keilerei und kommentiere:

„Zwei gegen einen, das ist doch feige."
„Wieso feige? Das ist doch klug. So hat er doch keine Chance."

▶ Auf der Waage: „Wir" und „Ich"

Soziologen fassen eine Entwicklung, die in Deutschland ungefähr in den 50er Jahren dieses Jahrhunderts begann und immer noch andauert, mit dem Begriff „Individualisierung" (siehe U. Beck, Risikogesellschaft. Auf dem Weg in eine andere Moderne, Frankfurt am Main 1986) zusammen. Individualisierung heißt nicht – um einem Missverständnis vorzubeugen – dass sich die Menschen immer individueller entwickeln, sondern beschreibt einen gesellschaftlichen Prozess. Dieser Prozess bewirkt, dass Menschen immer weniger vorgeschriebenen Mustern und Normen folgen, sondern in immer größerem Maße selbstverantwortlich für ihren eigenen Lebensweg sind und immer mehr Möglichkeiten besitzen, diesen zu gestalten.

Zum einen ergeben sich aus dieser Entwicklung große Chancen: Der Einzelne wird von beengenden Traditionen, Rollenverständnissen, von familiären, Verhaltens- und sonstigen gesellschaftlichen Zwängen befreit. Auf der anderen Seite bedeutet diese „Befreiung" auch ein Anwachsen von persönlichen Risiken, die aus dem Verlust von Zugehörigkeiten und somit auch Sicherheiten entstehen. Zuvor gesellschaftlich Geregeltes und Vorgegebenes verwandelt sich in einen Zwang zur eigenen Entscheidung

– aber …!

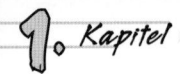
und damit auch in den Zwang, die Verantwortung für Fehlentscheidungen zu übernehmen (U. Beck, Das „Eigene Leben" in die eigene Hand nehmen. In: Pädagogik 7/8, 1996, S. 41–47).

Individualisierung bedeutet also Freiheitsgewinn und Sicherheitsverlust zugleich. Die Tatsache, dass soziale Einheiten wie Schichten, Nachbarschaften oder Familien immer weniger prägend für die Lebenswege von Individuen werden und der damit verbundene Prozess, dass Normen und Werte verloren gehen, sich wandeln oder weniger verbindlich werden, wirkt sich zwangsläufig auch auf die Kindheit insgesamt aus: Durch die Freisetzung aus nachbarschaftlichen Kontexten können „auch Identifikationsmöglichkeiten und Gefühle des Zugehörigseins, Sicherheiten und Gewissheiten entfallen, die von Jugendlichen über Identifikationskonstrukte anderer Art kompensiert werden müssen." (W. Heitmeyer u.a., Gewalt. Schattenseiten der Individualisierung bei Jugendlichen aus unterschiedlichen Milieus, Weinheim/München 1995, S. 42).

Diese Entwicklung lässt sich am Beispiel einer Waage veranschaulichen:

Verschiebung der Wir-Ich-Balance (nach: N. Elias, Über den Prozess der Zivilisation, Frankfurt am Main 2001).

Auf der einen Schale sitzt das **Ich**, auf der anderen das **Wir**. Jeder von uns ist zugleich ein **Ich** und ein **Wir**. Und in sehr vielen Situationen treffen wir Entscheidungen, die Aufschluss darüber geben, welche Anteile für uns jeweils wichtiger sind. Am Ende einer großen Pause signalisiert uns das „Ich", dass man eigentlich noch gerne weiter über die brillante Leistung seines Fußballvereins philosophieren möchte, während das „Wir" zum Aufbruch mahnt. Das „Ich" ist auf uns selbst, auf unsere eigenen Bedürfnisse ausgerichtet, das „Wir" sieht uns immer als Teil einer Gruppe. Dabei ist das „Wir" keinesfalls immer der moralisch überlegene Teil, nötigt es uns doch zur Anpassung

Man muss kein Held sein …

und Aufgabe eigener Prinzipien, wenn die Gruppe das von uns will. Definierten sich in feudalen und bäuerlichen Gesellschaften die Menschen zuerst durch das „Wir" und ordneten sie ihr Handeln oft den Gruppeninteressen unter, so hat sich gegenwärtig die Wir-Ich-Balance (Norbert Elias) verschoben, oder – um auf das Bild von der Waage zurückzukommen: Das „Ich" ist so schwer geworden, dass das „Wir" heute in der Luft strampelt. Viele Lehrer können diese Entwicklung aus eigener Erfahrung bestätigen. Bei geplanten Klassenaktivitäten äußern immer mehr Kinder, dass sie „keinen Bock hätten", sich an irgendwelche Planungen oder Verabredungen zu halten, und deshalb nicht mitmachen wollen.

▶ Ökonomie und Individualisierung

Die Ursachen für den Prozess der Individualisierung liegen außerhalb der Individuen. Beck erklärt diese gesellschaftliche Tendenz durch die ständig wachsende Produktivität. Diese enorme, immer noch anhaltende Steigerung der Produktivität, das heißt die benötigte Zeit, um ein bestimmtes Gut herzustellen, wird immer geringer, hat unter anderem auch bewirkt, dass wir heute vor grundlegend anderen ökonomischen Problemen stehen als alle Gesellschaften vor uns. Hatten bisher die Volkswirtschaften das Problem, genügend zu produzieren, um Mangel und Not zu bekämpfen, und gab es bisher immer ein „Zu Wenig" an Gütern, liegen heute, zumindest in den reichen Industrienationen, die Schwierigkeiten darin, die produzierten Güter abzusetzen.

Zwar weist unsere Gesellschaft immer noch Ungleichheiten und Ungerechtigkeiten auf, jedoch vollziehen diese sich auf einem höheren Niveau. Dies führt zu Veränderungen in nahezu allen Lebensbereichen. Durch den gestiegenen Wohlstand fällt auch der Zwang zur Solidarität weg, ohne die man sich zuvor schutzlos und gefährdet empfand. Auch die wachsende räumliche Mobilität und die steigenden Möglichkeiten, beruflich auf- und abzusteigen, lassen die traditionelle Schichtenzugehörigkeit weniger wichtig erscheinen: Damit verlieren Muster, Werte und Normen, die die sozialen Schichten zusammenhielten, an Verbindlichkeit.

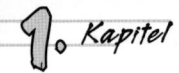

Früher begriffen sich Arbeiter über die Berufsbezeichnung hinaus als kulturell und politisch zusammengehörig und riefen aufgrund dieses politischen Selbstverständnisses zu einem gemeinsamen Agieren bis in den Privatbereich hinein auf. Heute ist dieser ursprünglich sozialpolitisch aufgeladene Begriff des „Arbeiters" weitgehend inhaltsleer geworden und beschreibt oft nur noch bestimmte berufliche Tätigkeiten. Deutlich wird der Verlust von Werten, Orientierungen und Zugehörigkeiten auch an der allgemeinen Säkularisierung. Der zurückgegangene Einfluss der Kirchen drückt sich nicht nur in der Zunahme von Scheidungen und von Kirchenaustritten aus.

Wissen über Religion ist selten geworden. Wie ein erfundener Witz veranschaulicht dies die folgende Begebenheit: In einer 6. Klasse wollte eine Schülerin wissen, was ein Märtyrer sei. Die Lehrerin gab die Frage weiter. Nach einigem Zögern meldete sich ein Junge:

„Wir haben zu Hause einen."
„Wie bitte? Erkläre mal."
„Unser neuer Toyota, der hat doch 5 Türen …"

Bemerkenswert ist noch, dass die Lehrerin die einzige war, die in Gelächter ausbrach.

Auch die veränderten Frauenrollen zeigen diesen Wandel an. Das sorgende Mütterchen, dass sich nur noch um die **drei K's** „Kirche, Kinder, Küche" kümmert, findet sein Abbild höchstens noch in den verlogenen Texten so genannter volkstümlicher Musik. Die Realität aber zeigt ein derart vielfältiges Mutterbild, dass eine über das Biologische hinausgehende Definition, was eine Mutter ausmacht, kaum noch möglich erscheint.

Auswirkungen der Individualisierung auf die Erziehung

▶ Neue Freiheiten und neue Möglichkeiten

Wie bereits erwähnt, wirkt sich sowohl die Tatsache, dass soziale Einheiten wie Nachbarschaften oder Familien immer weniger prägend für die Lebenswege von Individuen werden, als auch der damit verbundene Prozess, dass Normen und Werte verloren gehen, zwangsläufig auf die Kindheit insgesamt aus. Heitmeyer bewertet dies differenziert, indem er von Sonnen- und Schattenseiten der Individualisierung spricht. Da die alten Rollenvorschriften, wie eine Frau, wie ein Mann, wie ein gut erzogenes Kind zu sein hat, weggefallen sind oder an Verbindlichkeiten verloren haben, finden wir heute Eltern vor, die nach dem Kartoffelprinzip (*„Das wächst von alleine!"*) ihre Kinder vernachlässigen. Gleichzeitig finden wir Erziehende, die liebevoll, aufwändig und einfühlend mit ihren Kindern umgehen. So finden wir auf der positiven Seite Kinder, die zugewandte Freizügigkeit erfahren und dementsprechend selbstbewusst und offen mit anderen umgehen und denen zahlreiche Entfaltungsmöglichkeiten geboten werden. Diese Chancen nutzen übrigens Mädchen auf besondere Weise. Sie lösen sich aus traditionellen Rollenzwängen, engagieren sich in 3.-Welt-Arbeitskreisen, erlernen Musikinstrumente und spielen Fußball. Sie treffen früh und kompetent selbstständige Entscheidungen und haben Lust, sich zu bilden. Eine gelungene Erziehung ist heute dialogisch und führt, ohne auf Werte zu verzichten, zu früherer Selbständigkeit, zu Offenheit und zu Kritikfähigkeit, die in Zeiten normativer Verflechtung kaum möglich war.

Statt „Das gehört sich nicht!" zu sagen, versuchen heute viele Eltern durch Argumentieren zu überzeugen.

▶ Große Unterschiede in einer Klasse

Der Verlust verbindlicher Rollenmuster ruft auch innerhalb einer sozial homogenen Klasse unterschiedlichste Verhaltensweisen hervor. Wir finden einerseits höfliche Kinder und andererseits Kinder, die ohne Distanz öffentlich über Dritte lospöbeln und dies als ihr gutes Recht bezeichnen, weil sie „immerhin ehrlich" seien. Wir finden gebildete Kinder, die regel-

– aber ...!

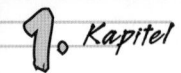
mäßig und viel lesen, die an der Welt Anteil nehmen, und finden in derselben Klasse Kinder, deren kulturelles Wissen bei den Clips von MTV endet. Neben einem Sportler sitzt ein Übergewichtiger, dem der Weg in den ersten Stock Atemnot verschafft. Eine Klassengemeinschaft ergibt sich deshalb nicht mehr von selbst. Verschärft wird die Situation

noch dadurch, dass homogene Lerngruppen die Ausnahme sind. In fast jeder Klasse treffen heute Kinder aus verschiedenen Kulturen aufeinander, mit unterschiedlichen sprachlichen Fähigkeiten, mit unterschiedlichen religiösen Vorstellungen, mit unterschiedlichen Vorstellungen über Geschlechterrollen, Höflichkeit, Lernen, Gewalt und über die Schule selbst.

Unterschiedlichkeit ist nichts Schlechtes an sich, sie verlangt jedoch vom Unterrichtenden erhebliche pädagogische Qualitäten, wenn sich aus den unterschiedlichen Individuen ein Klasse mit einem Zusammengehörigkeitsgefühl entwickeln soll.

▶ Individualisierung ruft Ich-Orientierung hervor

Werden soziale Gruppen, Werte, Normen und Institutionen in der subjektiven Bewertung der Individuen weniger bedeutsam, richtet sich der Blick nach innen. Das eigene Ich wird zum Maßstab. Erleben, Freude, Spaß werden zu Wertmaßstäben, die die neue Generation oft nicht mehr hinterfragt. *„Der Text von Opitz ist schlecht"*, versicherte mir eine Oberstufenschülerin treuherzig. *„Die Sätze sind so schwer verständlich, dass macht keinen Spaß."* Die Orientierung am leichtflüchtigen, unsicheren Spaß hat sich bis zu Kindergeburtstagen niedergeschlagen, die schon Zeichen einer Eventkultur tragen. Immerhin, die Kleinen erleben wirklich mehr, fordern allerdings auch mehr. *„Wie, kein Zauberer bei meiner Geburtstagsfeier?"*

Dieser gesellschaftliche Wandel an Orientierungsmustern – Schulze
(G. Schulze, Die Erlebnisgesellschaft, Kultursoziologie der Gegenwart,
Frankfurt am Main 2005) beschreibt ihn als Wechsel von Außen- zu
Innenorientierung – verändert auch Wertmaßstäbe. Eine Tätigkeit wird
weniger an ihrem Sinn gemessen, sondern mehr an dem Spaß, den sie
dem Individuum bereitet. Mobbing kann hier als Beispiel gelten, denn
viele schulische Mobbingprozesse, mit all ihren bitteren Folgen für den
Angegriffenen, finden deshalb statt, weil Mobben den Tätern Spaß macht.
So feixte ein 13-Jähriger, dem auf einer Klassenkonferenz vorgehalten
wurde, dass er einen Mitschüler zusammen mit anderen über ein Jahr
lang gedemütigt und erniedrigt hatte, als Antwort auf die Frage nach
dem Warum: *„Macht Bock."*

Die Schule kann allerdings in diesem und ähnlichen Fällen das „Grundrecht" auf Spaß nicht akzeptieren, so weit es sich schon im Alltag durchgesetzt hat. **Denn Lernen bringt nicht per se Spaß.** Das Erlernen von
Vokabeln und grammatischen Strukturen ist nur selten spannend. Der
mathematische Dreisatz ist durchaus in der Lage, Unlust zu erzeugen.
Hier wird eine Ich-Orientierung, die die Umwelt in erster Linie auf der
Basis des Erlebens bewertet, disfunktional.

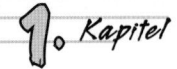

Individualisierung: Negative Folgen

▶ Eltern ziehen sich aus der Erziehung zurück

Robert Bly hat in seinem Buch „Die kindliche Gesellschaft" (R. Bly, Die kindliche Gesellschaft, München 1997) anschaulich beschrieben, wie der gesellschaftliche Wahn jugendlich zu sein, Eltern dazu bewegt, sich nicht mehr als Eltern zu definieren. Sie ziehen sich aus ihrer Elternrolle zurück. Das geschieht durch die Flucht aus der Ehe oder aus der Beziehung, was häufiger bei Männern vorkommt, die dann auch zur Trennung vom Kind benutzt wird. Das geschieht aber auch durch Vernachlässigung oder durch Aufgeben der Erzieherrolle, in Elterngesprächen ausgedrückt in den Sätzen: *„Ich weiß auch nicht, was ich tun soll."* – *„Sie sind doch der Lehrer. Sie müssen doch wissen, wie man Kinder erzieht."* – *„Dazu habe ich keine Zeit!"*, oder *„Ich kann und will nicht mehr."*

Einmal hörte ich, wie eine 16-Jährige ihrer Freundin erzählte:

„Als das dann mit Bernd vorbei war, war ich total mies drauf. Ich bin dann zu meiner Mom gegangen und hab ihr alles erzählt. ‚Ich hab solchen Liebeskummer', hab ich ihr gesagt, und weißt du, was die geantwortet hat? – ‚Ich erst, Susi, ich erst. Mir geht es viel schlechter als dir'."

Auf Elternsprechtagen höre ich wiederholt den Satz:

„Ich bin die beste Freundin meiner Tochter."

In der Regel verbiete ich mir jeden Kommentar, äußere auch nicht laut: „Das arme Kind." Aber einmal habe ich doch nachgefragt:

„Hm, beste Freundin, lässt sich das denn mit ihrer Rolle als Mutter vereinbaren?"
– „Wieso?"

Man muss kein Held sein …

Auf einem Elternabend im Kindergarten meiner Tochter erzählte eine Mutter laut:

„Ich vertraue meinem Dennis. Der ist schon so vernünftig. Und Vertrauen ist die Voraussetzung für eine gute Beziehung. Deshalb hat Dennis in seinem Zimmer einen eigenen Fernseher. Den darf er benutzen, wie er will."

Dennis, so berichtete die Kindergärtnerin, wurde wiederholt von Angstattacken heimgesucht, dass ihn jemand ermorden wolle.

Im Zimmer des Schulleiters. Der Vater erklärte uns seine pädagogischen Prinzipien:

„André bekommt von mir jede Unterstützung. Er hat sein eigenes Appartement bei uns im Haus, seinen eigenen Schlüssel, 300 Euro Taschengeld. Wenn er was braucht, bin ich für ihn da. Er muss natürlich auch Leistung bringen. Aber das klappt schon. Er ist ja ein vernünftiger junger Mann."

Der junge Mann ging in die 10. Klasse, stand kurz vor dem Rausschmiss wegen erheblicher unentschuldigter Fehlzeiten und kiffte sich das Hirn aus dem Kopf.

Ein Rückzug aus der Elternrolle kann auch zu einer blinden, unkritischen Identifikation mit dem eigenen Kind führen. *„Mein Sohn hat mir gesagt, dass die anderen Schüler in der Klasse alle doof sind und dass es deshalb keine Klassengemeinschaft gibt."* Diese Eltern kommen nicht einmal auf die Idee, ihrem Kind den „Kopf zu waschen" und nachzufragen, weshalb es sich allein positiv und alle anderen negativ zeichnet. Die fehlende Bereitschaft, dem eigenen Kind bei Fehlverhalten entgegenzutreten, wird dann auch Lehrern gegenüber deutlich. So griff auf einer Klassenkonferenz eine Mutter, deren Sohn einem Mitschüler mutwillig die Bastelschere in

den Handballen gerammt hatte, den Kunstlehrer an: „*Wenn Sie Ihre Auf-
sichtspflicht besser wahrgenommen hätten, wäre das gar nicht passiert.*"
Der Lehrer hatte jedoch keineswegs den Raum verlassen, sondern erteilte
während der Attacke gerade einen Arbeitsauftrag.

Wenn sich Eltern ihren Kindern gegenüber so distanzlos verhalten, ideali-
sieren sie sie häufig. Die Aussagen der Kinder sind gültiger Maßstab.
„*Der Lehrer ist schlecht, weil das meine Tochter so gesagt hat.*", oder:
„*Petra lügt nie.*" Häufig behandeln diese Eltern Lehrer wie eigene Unter-
gebene, die man nach Belieben abmahnen kann. Auf einem Elternabend,
der der Vorbereitung einer Klassenfahrt diente, warf ein Vater dem Kollegen vor, dass heutzutage alle Lehrer, der Kollege eingeschlossen, keine
Autorität mehr besäßen. Dass diese Eltern das beschädigen, was sie einfordern, nämlich die durchaus notwendige Autorität des Lehrers, ist ihnen
wohl kaum klarzumachen. Auch ausländische Eltern sehen Lehrer nicht
selten als Dienstpersonal an. Mit der Variante, dass man ihnen dann,
wenn die eigenen Kinder schlechte Noten bekommen, andere Schulprob-
leme haben oder disziplinarisch auffällig werden, Rassismus oder Aus-
länderfeindlichkeit vorwirft – am besten beides.

Bizarr ist, wie einige Lehrer auf diese Vorwürfe reagieren.
Vermutlich ist die panische Angst, als ausländerfeindlich zu gelten,
auf die mit vielen Tabus arbeitende Vergangenheitsbewältigung
zurückzuführen. So erzählte mir ein Schulleiter stolz:

„*Anfangs hatten wir große Probleme mit einigen fundamentalistischen
moslemischen Vätern aus der Türkei. Die weigerten sich mit einer Frau
zu reden, also mit einer weiblichen Kollegin. Aber das haben wir
erfolgreich in den Griff bekommen.*"
„Wie denn?"
„*Jetzt sitze ich immer dabei. Die Türken sprechen mich an und
ich gebe die Antworten der Lehrerin weiter.*"

Ich konnte dem Kollegen nicht klarmachen, dass ich sein Vorgehen
für groben Unfug hielt und dass er damit eine der wichtigsten Errun-
genschaften unserer Kultur aufgab: die Gleichberechtigung.

Dass eine nicht geringe Zahl türkischer Mitbewohner dem Bildungs-auftrag der deutschen Schule ablehnend gegenübersteht, veranschau-licht das folgende Beispiel. Ein Referendar forderte während einer Hospitationsstunde in der 5. Klasse Ismail auf, Gönül, seiner Nach-barin, ihr Lineal zurückzugeben. Der kleiner Kerl stand auf, stemmte die Hände in die Hüften und sagte laut:

„Sie sind nicht mein Vater. Ich muss nur meinem Vater gehorchen. Ihnen nicht. Das hat mir mein Vater gesagt."

Andere türkische Jungen in der Klasse applaudierten. – Ich würde gerne wissen, wie die ersten vier Schuljahre für diesen Jungen ab-gelaufen sind und was er dort gelernt hat.

Viele Eltern meinen auch, dass Elternliebe heißt, das eigene Kind um jeden Preis zu verteidigen. Dabei wirken einige Eltern wie gerissene amerikanische Fernsehanwälte, die ihren Mandanten mit allen nur mög-lichen Tricks retten wollen. *„Können Sie beweisen, dass es mein Kind war, dass beim Spucken den Rentner getroffen hat, oder war es nicht ein Klassenkamerad? Die standen doch zu viert am Fenster. Und nur einer hat, das hat der Rentner doch selbst gesagt, den Mann getroffen. Mein Kind hat mir gesagt, dass es gezielt danebengespuckt hat."*
Am besten scheinen sich diese Eltern zu fühlen, wenn sie das offenkun-dige Fehlverhalten ihres Kindes mit einem Gegenangriff entschuldigen. So jedenfalls gingen Eltern vor, deren Kinder vor laufender Videokamera einen Mitschüler gezwungen hatten, die Toilette mit der Hand zu säu-bern und sich diese anschließend in den Mund zu stecken: Die Lehrer hätten ihre Aufsichtspflicht verletzt, sodass es folglich ihre Schuld sei, was da auf dem Wandertag geschehen sei.
Der Rückzug aus der Elternrolle gestaltet sich unterschiedlich und hat auch unterschiedliche Folgen. Gemeinsam ist ihnen, dass nicht nur zu-sätzliche Erziehungsaufgaben für Lehrer entstehen, sondern auch, dass das Unterrichten selbst immer schwieriger wird, weil Kinder Grund-voraussetzungen nicht mehr von Haus aus mitbringen.

▶ Verwöhnen und Vernachlässigung

Individualisierung bedeutet ja auch, dass alte Rollenvorschriften oft genug auch Fesseln waren, an Verbindlichkeit verloren haben und auch weiter verlieren. Dies führt in der Erziehung dazu, dass wir besonders oft zwei Muster von Fehlverhalten finden, die sich komplementär entgegenstehen: das Verwöhnen und die Vernachlässigung von Kindern. Verwöhnende Eltern glauben oft an die Werbebotschaften der Wohlstandsgesellschaft. Widerstände sind demnach nicht mehr selbst zu überwinden, sind keine Chance mehr für Entwicklungen, sondern etwas, das aus dem Weg geräumt werden muss für ein schönes Leben. Da ist es Kindern nicht mehr zuzumuten, mit dem Rad oder dem Bus zur Schule zu fahren, bei Regen schon gar nicht. Offensichtlich gibt es dafür keine passende Kleidung mehr. Da kann sich eine Schülerin auf einer Oberstufenfahrt für über 400 Euro ein Paar italienische Designerstiefel leisten.

Da klagt die Mutter einer 16-Jährigen, dass ihrer Tochter eine Bergwanderung nicht zuzumuten sei, weil sie so zart sei. Da werden auch bei guten Schülern Nachhilfelehrer organisiert, weil das selbstständige Arbeiten eine Zumutung ist. Unbestritten ist, dass es keinen linearen Zusammenhang zwischen Erziehung, Elternverhalten und Entwicklung der Kinder gibt. Es gibt sehr bemühte Eltern mit furchtbaren Kindern und es gibt sozial kompetente Schüler mit fürchterlichen Eltern. In den meisten Fällen wird jedoch ein enger Zusammenhang zwischen verwöhnendem Elternverhalten und dem Verhalten der Kinder in der Schule deutlich. Im Sportunterricht fällt eine mehr und mehr festzustellende Unfähigkeit auf, sich überhaupt anzustrengen. Viele Kinder haben nicht das Problem nicht zu wollen, sondern nicht wollen zu können. So ist allgemein festzustellen, dass die Ausdauerleistungen, etwa beim 1000-Meter-Lauf, im Durchschnitt trotz verbesserter Sportstätten, trotz verbesserter Ausrüstungen und trotz besserer Trainingskonzepte sinken. Hier zeigen sich Erziehungsmängel im Elternhaus. Wie sonst ist es zu erklären, wenn ein Gesamtschulreferendar berichten muss:

„Wir hatten heute mit zwei neuen 5er-Klassen die erste Schwimmstunde im Hallenbad. Von den 57 Schülern konnten ganze 10 schwimmen. 15 weitere schafften knapp eine Bahn, waren danach aber richtig erschöpft."

Wie kann man sich auch plötzlich anstrengen, wenn besorgte Eltern jede Anstrengung von ihren Nachkommen fern halten oder bequeme Eltern sich nie dazu aufraffen können, ihre Kinder zur Bewegung anzuhalten oder gar mit ihnen gemeinsam zu toben und zu spielen? Vermutlich empfinden daher auch einige Kinder den Leistungsdruck an der Schule so quälend, weil sie nie gelernt haben, sich anzustrengen. Dann ist jede Anstrengung eine Zumutung.

Auf einer Wanderung beschwerte sich eine 16-Jährige, die mit dem Lift fuhr:

„Ne, kaputt bin ich nicht, aber warum soll ich mich die Berge hoch anstrengen, wenn ich es bequem haben kann?"

Von 16 Schülerinnen dieser Klasse erreichten nur 2 zu Fuß den Gipfel. Die anderen Mädchen beschimpften sie als blöd. Allerdings waren immerhin 1100 Höhenmeter auf gut ausgebauten Wegen zu überwinden. Eine hinter uns gestartete Rentnergruppe überholte uns beim Aufstieg.

Als Zumutung wird von vielen Jugendlichen inzwischen auch die Unterbringung in Jugendherbergen empfunden. Das Alkoholverbot wird als Angriff auf die persönliche Freiheit gesehen. *„Wieso das denn, meine Eltern erlauben mir doch auch zu trinken. Alles."* Gleichzeitig fällt ein enormer Luxusanspruch auf: *„Diesen Jugendherbergsfraß tu ich mir nicht an."* Manchmal gewinnt man den Eindruck, als ob elitäre Ansprüche demonstrieren sollen, welch wichtige Persönlichkeit man sei. Diese überhöhten Ansprüche finden sich auch im Unterricht unmittelbar wieder. Der Lehrer hat sich auf Kevin zu konzentrieren und darf ihn auf keinen Fall langweilen. Und wenn Kevin kritisiert wird, ist das eine Unverschämtheit. Fehlleistungen sind auch immer Schuld des Lehrers, bei dem man nicht aufpassen kann, der nicht erklären kann oder der ungerecht ist.

Zitat aus einem Brief an einen Schulleiter:

„Und dann müssen wir uns über Frau XY beschweren. Sie ist eine schlechte Lehrerin. Sie schreibt immer auf die nasse Tafel. Dann kann unsere Chantal nicht lesen und kriegt schlechte Noten. Deshalb ist Frau XY Schuld daran."

Es geht hier nicht darum, Lehrer vor Kritik zu schützen oder sie gar gegen Kritik zu immunisieren, sondern die unter Schülern nicht seltene Haltung anzusprechen, die eigene Fehlleistung grundsätzlich als persönlichen Angriff gegen die eigene Person wahrzunehmen. Dabei gestattet man sich selbst auf der einen Seite jede Form der Attacke, reagiert aber bei Kritik durch andere äußerst empfindlich. Verwöhnte Kinder haben auffällig oft das Problem, die Balance zwischen eigenem Verhalten und den Ansprüchen an die Außenwelt herzustellen.

So entgegengesetzt die Verhaltensmuster von Verwöhnen und Vernachlässigung erscheinen mögen, treffen sie sich doch oft in einem Punkt: Einige finanziell wohlhabende Eltern überschütten ihre Kinder zwar mit materiellen Gütern, vernachlässigen sie aber dafür emotional. Das äußert sich dann z.B. derart, dass diese Eltern ihre Kinder mit allen erdenklichen Prestigegegenständen ausstatten, dafür aber hohe Leistungen und gutes Funktionieren von ihnen verlangen. Dabei liefern sie keinerlei Hilfestellung, sondern erziehen nach dem Motto: *„Wir geben dir doch alles, da können wir auch im Gegensatz alles von dir verlangen. Wir lassen dich selbst entscheiden, wie du das hinbekommst."* Diese Kinder befinden sich in einer Zwickmühle. Auf der einen Seite erkennen sie an, dass die Eltern für ihre Investitionen eine Gegenleistung fordern können. Nur können sie die scheinbar berechtigten, weil teuer erkauften, Forderungen der Eltern nicht erfüllen. Denn sie haben nicht gelernt sich anzustrengen und zu Hause unterstützt sie niemand dabei, das Lernen zu erlernen. Auch das ruft bei vielen Kindern die so häufig in der Schule zu beobachtende Lustlosigkeit und Apathie hervor.

Eine gute Veranschaulichung, wie die „neuen Schüler" sein können, gibt das Protokoll wieder, das der Praktikant Sebastian Fischer in einer als schwierig bekannten 9. Klasse anfertigte. Bei den Schülern handelt es sich um Gymnasiasten:

„An diesem Tag sind sechs englische Austauschschüler in der Klasse. Schüler Hans legt die Beine über den Stuhl, Schüler Jochen hört in letzter Reihe unbemerkt über Kopfhörer Musik. Als einer der englischen Gäste eine grammatikalische Form ergänzt, kommentiert dies Schüler Nico wie folgt:
„Geil. Der macht sich da vorne voll zum Affen. Das hast du gut gemacht. Weiter so!"

Schülerin Lisa wird drangenommen:
„Hey, warum eigentlich immer ich?" …

Vor einer Lateinstunde fordern Schüler Unterricht im Freien und begründen dies durch gutes Wetter und das Entgegenkommen anderer Lehrer in dieser Frage. Der Lehrer lehnt dies ab. Darauf reagieren die Schüler provozierend laut und störrisch: Einige essen, Schüler Hans hat die Beine nun nicht mehr über den Stuhl gelegt, sondern auf der Tischbank positioniert. Bei der Vokabelabfrage haben viele Schüler Hefte unter den Tischen, von vorne kaum erkennbar, und nutzen Redepausen des Lehrers zum Nachschlagen der Begriffe; einige Schüler melden sich, um Nachgeschlagenes als Eigenwissen auszugeben. Der Lehrer erwischt Schülerin Sarah anschließend beim Erledigen von Mathe-Hausaufgaben und nimmt ihr daraufhin das Heft weg:

„Ich war in den letzten Mathestunden nicht da. Bitte geben Sie mir mein Heft wieder. Herr XY, bitte!" – Ein leichtes Schmunzeln in dieser Situation wird von Sarahs Nachbarin wahrgenommen und weitergegeben.

Sarah angenervt:
„Was will der Wichser da hinten eigentlich?"

Biologiestunde: Die Klasse sieht einen Film. 10 Minuten vor Unterrichtsschluss wandert Schüler Nico mit seinem Stuhl in die letzte Reihe und beginnt ganz offensichtlich ein Gespräch mit einem dort sitzenden Mitschüler. Dies wird von Herrn XY beobachtet:

„Nico, dir geht's wohl zu gut! Also, nächstes Mal brauchst du erst gar nicht rumquengeln, dass wir so selten Filme gucken."

Der Schüler zieht eine Grimasse, antwortet patzig, dass er sich über den Film unterhalten habe, und bleibt stur im Gang in der letzten Reihe sitzen. Er ist kurz ruhig, redet dann aber mit dem Mitschüler weiter.

Ich empfinde Mitleid mit den wenigen Schülern der 9a, die gewissenhaft ihre Aufgaben erledigen und versuchen, sich rege am Unterricht zu beteiligen. Darüber hinaus wird ihr Lernen stark gehemmt durch andere Desinteressierte, die langsam sind und den Lernprozess bewusst behindern. Wie schon angesprochen nutzen Lehrer verschiedene Taktiken. Der Klassenlehrer „macht sich unbeliebt", indem er härtere Sanktionen einführt und die Klasse unter Druck arbeiten lässt. Er selbst muss zugeben, dass er keinen anderen Ausweg mehr sieht und dass es sich erstmals in seiner Lehrertätigkeit um eine Klasse handle, in die er sich ungern, mit schlechtem Bauchgefühl begebe. Wie schon in den Beobachtungen erwähnt zeigen die Schüler nicht wirklich Reue oder Verständnis, sondern beharren auf ihren Positionen und leben ihre Eigenarten in anderen Unterrichtsstunden bei Lehrern, bei denen sie es sich „leisten können", aus.

Mitgefühl verdienen Kinder, die vernachlässigt werden. Vernachlässigung tritt in unterschiedlicher Form auf. Etwas weniger auffällig sind emotionale Gleichgültigkeiten. Sie werden oft nur dann deutlich, wenn Eltern jeden Schulkontakt verweigern und Anschreiben der Schule nicht einmal zur Kenntnis nehmen. Das ist nicht selten. Viele Hauptschulkollegen berichten von Pflegschaftsabenden, auf denen nur fünf oder sechs Elternteile erscheinen.

Ein Kollege aus der Hauptschule berichtet:

„Sven fehlte wiederholt unentschuldigt, er zeigte sich aggressiv, schlug Mitschüler, beschimpfte Kollegen. Seine Leistungen waren in der 7. Klasse insgesamt mangelhaft. Die Eltern reagierten nicht auf Anschreiben. Eine Telefonnummer lag uns nicht vor. Da beschloss ich, zusammen mit der Kollegin XY einen Hausbesuch zu machen. Auf unser Klingeln hin öffnete Sven, der dann irgendwo in der Wohnung verschwand. Wir standen allein im Flur. Niemand kam. Aus einem Zimmer waren Geräusche zu hören. Wir klopften, traten ein. Auf der Couch lag Svens Vater, in Unterhemd und Jogginghose. Neben der Couch mehrere Bierflaschen, die meisten leer. Der Fernseher lief laut. Eine Talkshow. Svens Vater, den ich noch vage von der Einschulung kannte, sah uns kurz an:
„Was is?" *– Er war angetrunken.*

Wir erklärten ihm, dass wir uns um Sven Sorgen machten. Während wir sprachen, lief der Fernseher weiter. Svens Vater nahm keinen Blickkontakt mit uns auf. Schließlich fragte er:
„Haben Sie sonst noch was?"

Eine Vernachlässigung ist auch darin zu sehen, wenn Migranten, die langfristig in Deutschland bleiben wollen, nicht dafür sorgen, dass ihre Kinder die deutsche Sprache erlernen.

Eine Grundschulleiterin klagt:

„Von 70 Migrantenkindern, die 2004 eingeschult wurden, zeigten fast 30 deutliche Mängel in der Beherrschung der deutschen Sprache. Dazu kamen 11 Kinder, zum großen Teil hier geboren, deren deutscher Wortschatz nicht einmal 20 Wörter umfasste. Keines dieser Kinder war in der Lage, auch nur einen korrekten deutschen Satz zu bilden."

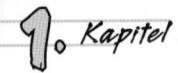

Dass es sich hier nicht nur um atypische persönliche Erfahrungen handelt, sondern um eine Tendenz, belegen auch beide PISA-Studien, die erhebliche sprachliche Defizite bei Migrantenkindern feststellen. Man kann sich gut vorstellen, dass in der Schule diese Defizite kulminieren. Denn was sollen Kinder lernen, die die Sprache ihres Lehrers nicht verstehen?

Es liegt auf der Hand, dass diese Kinder ungern zur Schule gehen, im Unterricht oft stören und den Lernprozess der gesamten Klasse behindern.

Kleiner Exkurs: Die traditionelle türkische Männerrolle und die Probleme für türkische Jungen, sich dem deutschen Schulsystem anzupassen.

In der traditionellen türkischen Erziehung wird ein Kind gemäß seines Geschlechtes und seiner Geschwisterrangfolge behandelt. Besonders die ältesten Jungen werden vergöttert. Die Mutter hat kein Recht, Sanktionen zu erteilen. Der Vater erzieht durch physisches Strafen. In der traditionellen türkischen Erziehung erfährt der Junge schon früh, dass er mehr Rechte hat als das Mädchen und dass er allein durch sein Geschlecht überlegen ist.

Frauen werden nach dem Schema rein – unrein kategorisiert. Diese Vorgaben, die das Weltbild eines traditionellen türkischen Jungen prägen, stehen im krassen Gegensatz zu den Konkurrenzkriterien unserer Gesellschaft, die die Leistung des Einzelnen in den Vordergrund stellen. Eine Lehrerin, die ihn bewertet, ist eine Herausforderung, die dem eigenen Weltbild entgegensteht. Öffentliches Tadeln wird als Kränkung empfunden.

(Ein gutes Verständnis traditioneller türkischer Erziehung liefert das Buch von W. Schiffauer, Die Gewalt der Ehre, Frankfurt am Main 1990)

Dass die Politik hinnimmt, dass nach PISA II ungefähr die Hälfte der türkischen Schüler die Schule mit Fähigkeiten verlässt, die unterhalb oder innerhalb der Kompetenzstufe 1 liegen, diese Schüler also im Grunde nicht berufstauglich sind, ist ein Skandal. Die Ankündigungen, dass nur noch Kinder mit entsprechenden Deutschkenntnissen eingeschult wer-

Man muss kein Held sein ...

den, sind Luftblasen. Ein Skandal ist diese Haltung auch, wenn man an die Zukunft der Migranten denkt: Welche Chancen hat heute ein junger Migrant, der die Schule ohne Abschluss und ohne angemessene Deutschkenntnisse verlässt? Hier tarnen sich gedankliche Faulheit und ideologische Borniertheit hinter dem Anspruch, tolerant und weltoffen zu sein.

Ein Vorschlag: Wenn Migranten nicht dafür sorgen, dass ihre Kinder Deutsch lernen, muss der Staat einspringen. Zunächst sollte er viele Angebote zum Spracherwerb für Kinder und Eltern bereitstellen, also Sprachkurse für die Eltern und eine pädagogische Kindergartenbetreuung, in der Sprachkenntnisse systematisch vermittelt werden. Auch ist hier viel Überzeugungsarbeit zu leisten. Man muss den Eltern sehr deutlich klarmachen, dass sie ihren Kindern Schaden zufügen, wenn sie sie nicht Deutsch lernen lassen und sie nicht dafür sorgen, dass ihre Kinder einen guten Schulabschluss ablegen. In vielen türkischen Gemeinden fehlt dieses Bewusstsein.

Sind entsprechende Angebote vorhanden, sollten nur die Kinder eingeschult werden, die über die für einen Schulbesuch notwendigen Deutschkenntnisse verfügen. Anderenfalls müssten für sie verbindlich entsprechende Kurse angeboten werden, und zwar gegen Gebühr, weil es sich hier um ein selbst verschuldetes Versäumnis handelt. Dieser Zwang würde den Kindern helfen. Helfen könnte man den Kindern auch, wenn man bei Migranten den Kindergartenbesuch mit begleitenden Deutschkursen verpflichtend macht. Dieser Zwang ist nicht ausländerfeindlich. **Ausländerfeindlich ist es, zuzusehen, wie eine große Zahl von jungen Migranten ohne echte Qualifikation und damit ohne Zukunftschance in Deutschland aufwächst.** Und das ist heute der Normalfall.

Bereits in der Grundschule zeigen sich andere Formen von Vernachlässigung: So klagen Kollegen darüber, dass zunehmend mehr Kinder miserabel angezogen sind, dass sie keine gemeinsamen Mahlzeiten mit Eltern

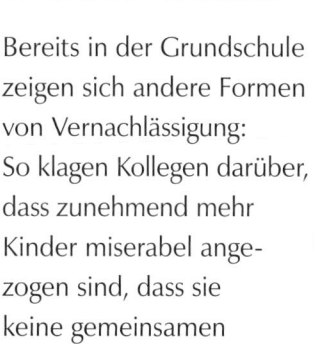

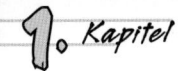

kennen, dass grundlegende Essmanieren und Umgangsregeln von Eltern nicht vermittelt werden. Diese sind aber auch Grundlagen für einen gelingenden Schulalltag. Und es bereitet Mühe, immer wieder Selbstverständliches vermitteln zu müssen.

„In meiner 8. Klasse (Gesamtschule) hielt ich eine Unterrichtsreihe über gesunde Ernährung. Mir wurde bald klar, dass die Hälfte meine Schüler in erster Linie Fast Food aß. Deshalb organisierte ich einen Kochkurs, zu dem auch die gemeinsame Mahlzeit gehörte. Mein erstes Fazit war erschreckend. Gemüse kannten und mochten die meisten meiner Schüler nicht. Mit Messer und Gabel umgehen konnte kaum einer. Es wurde blitzschnell zugelangt, mit offenem Mund laut gekaut. Ein Junge türmte gleich fünf Schnitzel auf seinen Teller. Meinen Hinweis, dass es für jeden nur ein Stück Fleisch gebe, konterte er mit dem Hinweis:

„Sind die doch selbst Schuld, wenn die so langsam sind."

Vernachlässigte und schlecht erzogene Kinder gibt es auch am Gymnasium, und sie sind auch hier keine Seltenheit.

Acht 15-Jährige saßen vor einem internationalen Jugendhotel.
Sie sangen:
„Ficken, ficken, ficken, bis die Schwarte kracht."

Ältere Gäste nahmen das mit einer Mischung aus Verwunderung und Abscheu zur Kenntnis.

„Spinnt ihr eigentlich?", fauchte ihr Lehrer, der gerade aus dem Hotel kam.

„Wieso, was haben Sie denn bloß? Das ist doch ein ganz normales Lied."

Individualisierung kann zur Ich-Zentriertheit führen

Wenn – wie es eine Folge der Individualisierung ist – Individuen sich mehr und mehr auf die Bedürfnisse und Wünsche ihres eigenen Ichs konzentrieren, kann dies dazu führen, dass sie sich ausschließlich von diesem Ich leiten lassen. Sie handeln, denken, fühlen und nehmen ich-zentriert wahr. Dieses Verhaltensmuster tritt in Abstufungen auf. Die folgenden Hinweise zeigen die Ich-Zentriertheit in vollständiger Ausprägung.

▶ Abhängigkeit von sofortiger Bedürfnisbefriedigung

Ich-Zentrierte haben das Problem, Bedürfnisse nicht verschieben zu können. Sie müssen sofort auf die Toilette, sie müssen unbedingt was essen, sie müssen jetzt eine Zigarette rauchen, sie müssen etwas Kaltes trinken. Und zwar jetzt. Sie müssen auch jede Gefühlsregung sofort äußern und sind nicht imstande, Kränkungen auszuhalten. *„Dem musste ich eine scheuern, so wie der mich angemacht hat."* – Anstrengungen, die nicht eng mit Spaß verbunden sind, sind ihnen zuwider. Viele Ich-Zentrierte können sich auch nicht mehr anstrengen. Frustrationen lösen nicht selten Wutattacken oder im günstigeren Fall Fresslust aus.

Diese Abhängigkeit von unmittelbarer Bedürfnisbefriedigung korrespondiert mit einem Verlust an Selbstdisziplin, um einen traditionellen pädagogischen Begriff zu verwenden. Aus dieser Haltung heraus werden recht eigenwillige Bewertungen des Unterrichts getroffen. *„Dieser Text ist schlecht. Der hat so lange Sätze. Die versteht man kaum."* Es fällt Ich-Zentrierten ungeheuer schwer, ihren Pflichten nachzukommen, ihren Alltag zu regeln und planvoll zu handeln. Leistungsanforderungen, wie beispielsweise längere schriftliche Hausaufgaben in der Oberstufe, werden schnell als Zumutung deklariert und entsprechend behandelt.

▶ Individualisierungsansprüche

Ich-Zentrierten fehlt die Fähigkeit, sich als Teil einer Gruppe zu definieren. Eine Grundschullehrerin forderte am dritten Schultag alle Kinder auf, sich hinzusetzen. Vier Kinder blieben stehen. Auf ihre Frage, weshalb er sich nicht setze, antwortete Valentin: *„Ich bin doch nicht alle Kinder, ich bin der Valentin."* – Was hier wie ein Witz erscheint, erschwert jedoch in anderer Form erheblich den Schulalltag. Kinder wie Valentin sind empört, wenn sie keine besondere Behandlung durch den Lehrer erfahren. Sind in einer Klasse drei oder vier Valentins, hat der Lehrer eine schöne Aufgabe vor sich.

▶ Fehlende Empathie

Empathie, die Bereitschaft und Fähigkeit, Motive, Werte, Haltungen und Gefühle des Gegenübers zu begreifen, ist eine Grundvoraussetzung für ein gelungenes Miteinander und für erfolgreiche Konfliktlösungen. Es scheint, als würde diese wichtige soziale Fähigkeit mehr und mehr verschwinden. Bei Ich-Zentrierten lässt sie sich kaum beobachten. Dies zeigt sich auch am Beispiel von Mobbing, das auf systematische, langfristige Angriffe gegen ein in der Regel unterlegenes Opfer beruht. Es setzt ja auf der Täterseite schon Stumpfheit gegenüber den Leiden des Opfers voraus. Diese Unfähigkeit, den anderen mitfühlend wahrzunehmen, ist verbreitet. Im Pädagogikkurs einer Oberstufe, in dem über

Erziehung in der Türkei gearbeitet wird, titulieren die Schüler türkische Frauen als generell dumm und bescheuert. In Gegenwart von türkischen Mitschülerinnen. Da lästert eine 17-Jährige in Gegenwart der halben Klasse und des Lehrers über die Schuhe ihrer Mitschülerin, die diese sicher von Mama geerbt habe. Auf den Einwurf des Lehrers, dass dies ein unsoziales Verhalten sei, kommt die Antwort: *„Wieso, ich bin doch nur ehrlich."* Nur ehrlich zu sein, ist gegenwärtig die Generalentschuldigung für jede Form von Unhöflichkeit und Distanzlosigkeit.

Nico, ein 15-jähriger Gymnasiast, der seinen Mitschüler lange
Zeit drangsaliert hatte, reagierte auf die Vorhaltungen seines Lehrers:

*„Ich kann den Michael einfach nicht leiden. Und verstellen will ich mich
nicht. Das brauche ich auch nicht, das hat mir meine Mutter gesagt."*
**„Dann versetz dich doch mal in die Lage von dem Michael.
Was meinst du, wie dem zumute ist, wenn der ständig runtergemacht wird?"**

Nico zögert.
*„Wenn ich Michael wäre, wäre ich ein Arschloch. Und dann hätte
ich es nicht besser verdient."*

▶ Werte und Normenverlust

Viele Ich-Zentrierte agieren, um einen freudianischen Begriff zu übernehmen, als hätten sie kein entwickeltes Über-Ich. Religiöse Orientierungen
sind selten geworden. Werte können schnell aufgegeben werden, wenn
sie den momentanen eigenen Bedürfnissen nicht entsprechen. Jeder
Lehrer kann ohne Probleme belogen, getäuscht, hintergangen werden.
Absprachen müssen nur dann eingehalten werden, wenn harte Sanktionen drohen. *„Wenn er sich das gefallen lässt, ist er selbst Schuld."* – Auch
Regeln, die zum Funktionieren jeder Institution nötig sind, werden ohne
schlechtes Gewissen gebrochen oder man kennt sie erst gar nicht an.

Drei 17-jährige (!) Mittelstufenschülerinnen baten während einer
Fahrt an den Bodensee, der Klassenlehrer möge sie doch für den
gesamten kommenden Tag beurlauben.

„Wozu das?"
„Wir wollen nach Genf fahren, nur wir drei Freundinnen, mal allein."
„Nach Genf? In die Schweiz?"
*„Klar, Genf hat ne tolle Altstadt. Wir sind auch vor Mitternacht zurück.
Garantiert."*
Schmollend und verständnislos nahmen die Drei das Verbot hin.

– aber ...!

Allerdings haben auch Ich-Zentrierte Wertmaßstäbe, die häufig industrielle Standards widerspiegeln. Derjenige ist cool, der die neusten Puma-Kreationen trägt. Wer nicht mithalten kann oder will, wird leicht ausgeschlossen. Die Stylinggesellschaft fordert die Anpassung. Überspitzt ließe sich sagen: Vor Jahren war derjenige stolz auf sich, der schnell laufen konnte. Heute ist es der, der schnelle Laufschuhe besitzt. Nicht mehr etwas zu können zählt, sondern etwas zu haben. Nur, ein Selbstwertgefühl, das sich auf die neuesten Pumas stützt, ist leicht zu erschüttern. Die neuesten Pumas sind morgen nicht mehr neu und vielleicht ist übermorgen Puma so was von out, dass man nur noch Asics tragen darf.

Wie geht jemand, der sich seine Selbstsicherheit kauft, mit Frustrationen und Niederlagen um? Der Anpassungsdruck, der von Modestandards ausgeht, wird von vielen als belastend empfunden. Trotzdem machen die meisten mit. Im Zeitalter ausgedünnter Sozialbeziehungen, wo viele Kinder Spielkameraden nicht mehr in der Nachbarschaft finden, ist die Schulklasse die wichtigste und oft die einzige Begegnungsstätte mit Gleichaltrigen geworden. Der „Wert" dazuzugehören, beliebt zu sein, dominiert traditionelle Werte.

Der Werteverlust zeigt sich auch in der Renaissance der Rache. Rache, zuvor als Ausdruck unzivilen Lebens geächtet, ist immer mehr ein legitimes Handlungsmotiv, das auch von der Peer-Gruppe akzeptiert wird, wie das folgende Beispiel veranschaulicht:

Eine Schülerin der 9. Klasse hatte mit einem Schüler aus der 10. Klasse eine kurze, unglücklich verlaufende Freundschaft. Das Mädchen fühlte sich im Stich gelassen, weil ihr Freund die Beziehung abgebrochen hatte. Gemeinsam mit Mitschülerinnen, die sie allesamt ermutigten, es diesem Schwein zu zeigen, formulierte sie einen Schmähbrief, in dem der Junge als gemeine, picklige, fette Sau angeklagt wurde. Dieser Brief wurde vervielfältigt und von den Schülerinnen der Klasse an verschiedensten Orten der Schule aufgehängt. Eine schaffte es sogar, den Zettel in den Glaskasten für offizielle Schulmitteilungen zu platzieren. Der Junge rächte sich seinerseits. Auf der Tafel in der Klasse des Mädchens war mit dauerhaftem Filzschreiber geschrieben worden, dass das Mädchen eine billig zu habende Schlampe sei. In Gesprächen mit Lehrern zeigten beide zunächst kein Schuldbewusstsein. *„Ich kann mir doch nicht alles gefallen lassen."* Auch die Mitschüler hätten sie ja unterstützt und würden zu 100 Prozent hinter ihnen stehen.

▶ Ich-Zentrierte lassen sich nichts vorschreiben

Da der Blick des Ich-Zentrierten sich nach Innen richtet, begreift er Vorschriften und Belehrungen von außen, konkret von Lehrern, als Störung oder Anmaßung. Er weiß genau, was für ihn wichtig ist und was nicht, auch wenn er gar nichts weiß. Er lernt nur das, was er gebrauchen kann, was er für richtig hält, was in seine Welt passt. Fremdes wird abgelehnt. Thomas Ziehe (Thomas Ziehe, Die Eigenwelten der Jugendlichen und die Anerkennungskrise in der Schule. In: Detlef Horster/Jürgen Oelkers (Hg.), Pädagogik und Ethik, 2005, S. 277–291) hat in diesem Zusammenhang den Begriff Fremdheitsentwöhnung geprägt und signalisiert, dass viele moderne Jungendliche und Kinder in einer sehr engen, kleinen Welt leben, in der sie sich gegen Neues abschotten.

In einem Grundkurs, Klasse 12, Fach Deutsch, schlug die Kurslehrerin vor, Goethes Faust zu lesen. Abfälliges Gemurmel von der Schülerseite.

„Was habt ihr gegen den Text? Der Faust ist wohl das wichtigste Werk des wichtigsten deutschen Dichters. Das gehört zur Bildung", argumentierte die Kollegin recht konventionell.

Eine Schülerin meldete sich:
„Ich brauch den Kram nicht für mein Leben. Was soll ich denn mit dem Faust anfangen? Gar nichts!" – Beifälliges Gemurmel.
„Wieso bist du dir da so sicher? Hast du das Drama schon gelesen? Weißt du, worum es geht?"
„Nein, aber der Text ist ja alt."

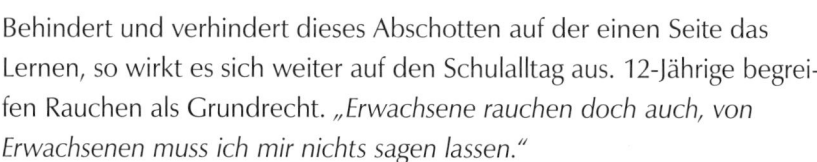

Behindert und verhindert dieses Abschotten auf der einen Seite das Lernen, so wirkt es sich weiter auf den Schulalltag aus. 12-Jährige begreifen Rauchen als Grundrecht. *„Erwachsene rauchen doch auch, von Erwachsenen muss ich mir nichts sagen lassen."*

– aber …!

> Besonders aggressiv reagieren viele Kinder von Migranten auf das Rauchverbot in den Schulen. In einer Sonderschule für Lernbehinderte fiel der Aufsichtsführenden ein Schüler der 6. Klasse auf, der ungeniert auf dem Schulhof an einer Zigarette sog. Sie forderte ihn auf, sofort mit dem Rauchen aufzuhören.
>
> *„Halt's Maul, du deutsche Nazisau."*
>
> Die Eltern gaben ihrem Kind Recht.
> **„Nur weil wir Ausländer sind, haben Sie dauernd was gegen unseren Jungen. "**

Das Verbot, das Schulgelände zu verlassen, wird dabei grundsätzlich gebrochen, wenn die Schulen nicht ausgeklügelte Pausenaufsichten und entsprechende Sanktionen entwickelt haben. Gerade Ich-Zentrierte nehmen die Autorität des Lehrers zunächst nicht als gegeben hin, sondern die Lehrer müssen sich immer wieder neu gegen sie durchsetzen. Dabei sind sich die Ich-Zentrierten sehr ihrer Rechte bewusst. Und sie beharren auf ihren Rechten, wann immer es möglich ist. Die eigenen Verantwortlichkeiten werden weniger genau genommen. Das Bestehen auf einer angemessenen Entschuldigung wird als Pedanterie angesehen.

Basis dieser Kampfansage an schulische Autorität ist oft eine groteske Selbstüberschätzung. Sie zeigt sich bei 14-Jährigen, die über den Ball stolpern und nach einer Platzrunde nach Luft schnappen. Sie definieren sich ernsthaft als „gute Sportler, die den Trainingsscheiß nicht wirklich brauchen". Sie ist zu erkennen bei Gymnasiasten aus der Klasse 6, die die Anweisungen ihrer Lehrerin für den Wandertag laut kommentieren: *„Von der magersüchtigen Kuh muss ich mir nichts sagen lassen."* Diese Selbstüberschätzung drückt sich aus, wenn sich Kinder zu Richtern aufschwingen, gleichzeitig aber jede Eigenverantwortung ablehnen. *„Es ist Schuld der Lehrer, wenn wir so laut sind. Sie können nichts richtig erklären, sie geben sich zu wenig Mühe und sie können sich nicht durchsetzen."* Eine Einstellung, die viele Eltern nicht zu einer kritischen Konfrontation nutzen (*„Du bist also nur diszipliniert, wenn man dich zwingt."*), sondern als Wahrheiten auf Pflegschaftsversammlungen verkündigen.

Die Verabsolutierung eigener Maßstäbe und eigener Wertungen führt auch dazu, dass schulischen Regeln und Vorschriften allgemein wenig Bedeutung zugemessen wird. Das beginnt bei den so genannten Sekundärtugenden. Pünktlichkeit und Ordnung, die auch darin besteht, dass alle notwendigen Schulsachen eingepackt worden sind, müssen von Lehrern erkämpft werden. Oft genug verlieren sie diesen Kampf.

▶ Ich-Zentrierte lassen sich doch etwas vorschreiben

Es mag auf den ersten Blick paradox erscheinen, dass die scheinbar souveränen Jugendlichen, die Ansprüche der Schule locker zurückweisen, höchst sensibel und nervös auf den Anpassungszwang Gleichaltriger reagieren. Individualisierung bedeutet ja auch den Verlust von Bindungen und Sicherheiten. Die Gruppe der Gleichaltrigen bietet eine Form der Gemeinsamkeit, die wichtig und zugleich unsicher ist. Die Zugehörigkeit zur Gruppe der Gleichaltrigen muss erworben werden. Ein Kriterium ist die allgemeine Akzeptanz, die Beliebtheit. Beliebt ist oft, wer mitmacht, wer Trends folgt, wer Konsumkompetenz zeigt. Edle Handys, auf denen man oft angerufen wird, und bestimmte Markenkleidung sind Indikatoren für eine positive Persönlichkeit. Besitzt man sie nicht, steht man vor den anderen schnell schlecht dar und man verliert in den ohnehin schon ausgedünnten Sozialbeziehungen seine Position. Die Symbole, die die Zugehörigkeit zur Gleichaltrigengruppe ausdrücken, wechseln von Szene zu Szene. Was bei Gymnasiasten als prollig gilt, ist an der Gesamtschule in. Was Gymnasiasten als cool definieren, halten Gesamtschüler für spießig. Weil Zugehörigkeit sich zunehmend über Konsum definiert, ändert sich auch das Selbstwertgefühl vieler Jugendlicher entsprechend. Sie empfinden es als schrecklich, nicht die passenden Schuhe zu tragen. Die eigene Identität wird durch das Styling entscheidend definiert.

So entwickeln sich feinste Antennen für das, was die Umwelt der Gleichaltrigen fordert. Die Konzentration auf die Außenwirkung wird zum Bedürfnis. Der schnelle Wechsel von Moden und Trends erzwingt eine fließende Anpassung, segmentiert nach den jeweiligen Bezugsgruppen. Die Medien spielen hier eine entscheidende Rolle, liefern sie doch Stars und Trends, die Orientierungsmuster bilden. Dabei identifizieren sich nur wenige noch mit den Retortenstars. Kaum eine 15-Jährige will so

wie Britney Spears sein. Allerdings übernehmen ganze Schulklassen deren bauchfreies Outfit, merkwürdigerweise auch die Übergewichtigen. Für die ist es offensichtlich weniger schlimm, wenn die Speckrollen zwischen T-Shirt und Jeans hervorquellen, als den Bauch entgegen dem modischen Diktat zu verhüllen.

Die allgegenwärtigen Medien üben – nicht nur auf Ich-Zentrierte – noch mehr Einfluss aus:

➔ Talkshows vermitteln eine Streitkultur, die sich im plakativen Niedermachen des anderen erschöpft. Eine ekelhafte Variante liefert hier Stefan Raab, der in der Fernsehsendung „TV total" Fehler und Tumbheiten meist einfacher Menschen präsentiert und sich dann genüsslich an ihnen weidet. In primitiverer Form leben auch die nachmittäglichen Talkshows von demselben Muster. *„Bevor ich dich küsse, lecke ich lieber die Mülltonne leer."*

➔ Videoclips und Popkultur rufen hektische Wahrnehmungsmuster hervor, die auf groben Reizen basieren, die einfache, drastische Botschaften herausbrüllen und nur kurze Aufmerksamkeitsspannen erfordern. Fünf Minuten Zuhören, dazu ohne Bildwechsel, werden als Zumutung empfunden.

➔ Medialer Dauerkonsum von leicht Verständlichem ruft eine Konsumhaltung und einen passiven Unterhaltungsanspruch hervor, der nicht von der Schule befriedigt werden kann und der dem ernsthaften Lernen entgegensteht.

Fazit ▶▶▶▶▶▶▶▶

Hier wurden die Schattenseiten der Individualisierung gezeigt, wie sie besonders bei ich-zentrierten Persönlichkeiten auftreten. Sie erleben weniger ich-stärkende Konflikte, erfahren durch ihre Eltern weniger nachvollziehbare Versagungen, die den Realitätssinn fördern, oder werden vernachlässigt. Diese Kinder und Jugendlichen sind nicht verantwortlich für die gesellschaftliche Entwicklung, sondern wir.

Der Verlust von Erziehungsmustern führt leider nicht nur zur Befreiung, sondern auch zu unterschiedlichen Formen von Verwahrlosung. Robert Bly hat die verheerenden Folgen beschrieben, die der Rückzug von Eltern aus der kompliziert gewordenen Erziehung mit sich bringt (Bly 1997).

Auch auf den steigenden Wohlstand und die damit verbundene Konsumorientierung ist die wachsende Abhängigkeit von schneller Affektbefriedigung, wie sie Hensel darstellt (Hensel 1994), zurückzuführen.

Die Konsumfixierung, die wir auch bei Kindern antreffen, führt zu einem anderen Selbstbild, mit einem hohen Konfliktpotential. Es ist nicht mehr entscheidend, etwas zu können, sondern es ist wichtig, etwas zu besitzen. Aber der neueste Gameboy ist nicht lange neu, und das Selbst, das sich daran orientiert, ist trotz aller nach außen getragenen Großspurigkeit leicht zu erschüttern. Und da viele Komsumkinder auch viel Medien konsumieren, entwickeln sie auch in anderen Zusammenhängen ähnliche Haltungen, wie sie der Medienkonsum induziert: Sie werden passiv und wollen unterhalten werden.

Der hohe Konsum optischer Medien hat noch weitere Folgen: Die Sprachkompetenzen werden geringer. Schüler wissen in der Regel sehr genau, dass sie ihren Lehrern verbal hoffnungslos unterlegen sind. Deshalb vermeiden sie den sprachlichen Disput, in dem sie doch nur die Verlierer sind: *„Ich lass mich nicht zutexten."* Diese Haltung, die oft in Konflikten eingenommen wird, tritt besonders dann auf, wenn der Kontrahent seine Wortmacht ausspielt. Ruhiges Zuhören ist hier ein Mittel, um ein Gespräch in Gang zu bringen.

Die Individualisierung bringt eine große Unterschiedlichkeit hervor, die Bandbreite von Verhaltensweisen ist wesentlich größer geworden und allein dadurch entsteht mehr Konfliktpotenzial. Klassen sind nicht mehr per se Gemeinschaften, sondern die Zwangsgemeinschaft unterschiedlichster Individuen. Zugleich können Lehrer nicht mehr voraussetzen, dass die Kinder erzogen worden sind. Sie können nicht mehr voraussetzen, sie mit dem Hinweis auf Werte, Moral und Regeln zu erreichen. Sie können nicht mehr voraussetzen, von Eltern unterstützt zu werden.

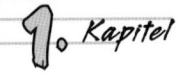

Sie können auch nicht grundlegend mit der Unterstützung ihrer vorgesetzten Behörde rechnen. Sie wissen, dass ihre Möglichkeiten zu sanktionieren sehr begrenzt sind. Sie wissen auch, dass viele Konflikte institutionelle und gesellschaftliche Ursachen haben. Schulkonflikte lassen sich nicht mehr nach dem traditionellen Muster von Autorität und Stärke lösen. Kommunikative und empathische Konzepte, die im Folgenden vorgestellt werden, können hier eine Hilfe sein. Sie helfen jedoch nicht, alle Probleme zu lösen, die Schule belasten.

Individualisierte, ich-zentrierte Individuen tragen auch auf andere Weise Konflikte aus. Eine moderne Konfliktform ist das Mobbing. Innenorientierung (erlaubt ist, was Spaß macht), Werteverlust (ich darf mit dem Opfer machen, was ich will) und mangelnde Konfliktfähigkeit (den mach ich fertig) sind Grundlagen, auf denen Mobbing basiert. Am Ende des Buches wird gesondert darauf eingegangen, wie mit Mobbing umzugehen ist.

Das folgende Kapitel setzt sich zunächst mit dem Konfliktbegriff auseinander. Hier wird versucht, von allgemeinen Darstellungen ausgehend praktische und konkrete Strategien zu entwickeln, wie mit schulischen Konflikten umzugehen ist.

Theoretische Grundlagen

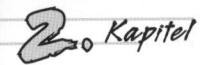

Konfliktverhalten

Im Schulalltag sind Lehrer ständig mit Konflikten konfrontiert, die allerdings nicht immer ausgetragen werden müssen. Konflikte entstehen, wenn wir unsinnige Dienstanweisungen erhalten, der Kollege die Pausenaufsicht nicht wahrnimmt, Schüler während des Unterrichts stören, Eltern sich beschweren oder wenn wir mit Arbeit überlastet werden. Die Konfliktfelder, die sich mit Schülern, Eltern, Kollegen und Vorgesetzten ergeben, sind vielfältig. Durch unser eigenes Konfliktverhalten werden sie mitgestaltet – und damit unser Alltag generell, der schulische und der private. Deshalb macht es Sinn, sich gründlich und ausführlich mit Konflikten zu beschäftigen. Das soll zunächst auf einer allgemeinen Basis geschehen, die die Grundlage für sehr konkrete, praxisorientierte Hinweise bildet.

Konflikte und Bedürfnisse hängen zusammen

Ein Konflikt kann entstehen, wenn ein Individuum befürchtet oder erfährt, dass ihm die Befriedigung eines Bedürfnisses versagt wird. Bedürfnisse können physisch (z.B. Durst) oder psychisch (z.B. Anerkennung) sein. Konflikte lösen in der Regel starke Emotionen aus:

- **Wut**, weil die Bedürfnisse nicht erfüllt werden.
- **Angst**, weil durch den Konflikt die Beziehungen zum anderen belastet werden und weil dessen Reaktionen nicht vorauszusehen sind.
- **Anspannung**, weil Konflikte mit Bedürfnissen zusammenhängen, die erfüllt werden wollen.
- **Erwartungen**, weil eine erhoffte Klärung möglich wird.

Weil Konflikte in der Regel stärker mit negativen Emotionen verbunden werden, dringt nicht jeder Konflikt an die Oberfläche. Konflikte können offen ausbrechen oder sich nur im Inneren eines Individuums abspielen. Viele Menschen wägen in Konfliktsituationen ab, ob der zu erwartende

Gewinn dem Risiko entspricht, den jedes Austragen mit sich bringt.

So macht es für viele keinen Sinn, wegen einer kleineren Unhöflichkeit einen Konflikt mit einem empfindlichen, rachsüchtigen Chef auszutragen, obwohl das eigene Bedürfnis respektiert zu werden, verletzt worden ist. Konflikte werden im Zusammenhang mit eigenen Bedürfnissen gesehen. Daraus folgt, dass in fast jedem Konflikt, den wir eingehen, unsere Persönlichkeit eine Rolle spielt. Denn es geht um das, was wir als unsere Bedürfnisse empfinden. Deshalb sind wir und auch andere zuerst in der Lage, unsere Konflikte zu lösen. Es geht um unsere Bedürfnisse, die wir schließlich am besten kennen.

Das gilt selbst für einen so genannten Sachkonflikt. In der Regel verbinden wir dann die Sache mit eigenen Bedürfnissen. Wenn man, um diesen Gedanken zu veranschaulichen, mit einem Schüler einen Konflikt eingeht, weil dieser wiederholt zu spät kommt, dann ist einem die Sache selbst wichtig. Sonst übersähe man die Unpünktlichkeiten.

In unseren Konflikten spielt also auch unsere eigene Persönlichkeit eine Rolle. (Es sei denn, wir werden grundlos attackiert oder angegriffen.) Oft entschließen wir uns aus persönlichen Gründen, einen Konflikt zu empfinden und auszutragen. Hier geht es nicht um Schuld, denn ein Konflikt ist nichts Böses oder Schlechtes, sondern um das Bewusstsein, dass unsere eigene Persönlichkeit Anteile an fast allen Konflikten hat, die wir austragen. Je bewusster und klarer ich mit diesen Anteilen umgehe, desto leichter fallen mir konstruktive Lösungen.

Schritte zur Konfliktlösung –
die Konfliktmatrix

Wenn Konflikte mit unseren Bedürfnissen zusammenhängen, dann, so ist die Schlussfolgerung plausibel, hängen die Konflikte, die wir mit anderen Personen eingehen, auch mit deren Bedürfnissen zusammen. Hier ergibt sich schon in einer etwas vereinfachenden Sicht ein erster Ansatz, wie Konflikte zu lösen wären: In der Klärung der gegenseitigen Bedürfnisse und der damit verbundenen Emotionen und dem Konfliktziel. Streite ich beispielsweise mit einem Koreferenten heftig über eine Tagesordnung, so kann ich einer Lösung des Konfliktes nur dann näher kommen, wenn ich mir zunächst meine eigenen Bedürfnisse, Emotionen und Konflikt-ziele klarmache:

Wenn mir in diesem Fall klar wird, dass es sich in erster Linie nicht um ein wichtiges Sachproblem handelt, sondern um die Sorge und die damit verbundenen Bedürfnisse und Ängste, dass mich mein Koreferent „unter-buttert", wird meine Konfliktstrategie eine andere sein, als wenn ich ledig-lich ein Sachprobleme sähe. Zielte ich im ersten Falle darauf ab, Planungs- und Redeanteile entsprechend zu verteilen, käme es bei einer Sachfrage zunächst auf die Klärung der Sache selbst an, die, wenn sie nicht mit Prestigeängsten und Ähnlichem verbunden ist, sich eigentlich konfliktfrei lösen lässt. Eine Konfliktlösung wird dann wahrscheinlicher, wenn es mir gelingt, die Bedürfnisse und Ängste des anderen zu begreifen. Das kann in einem zweiten Schritt darin geschehen, dass ich mir vorstelle, von welchen Bedürfnissen, Ängsten und Emotionen der andere geleitet wird, welche Konfliktziele mein Kontrahent verfolgt. Gehe ich davon aus, dass mein Koreferent deshalb energisch auf einer bestimmten Tagesordnung besteht, weil er das Bedürfnis hat, gleichberechtigt mit mir zu agieren, und Angst hat, von mir „untergebuttert" zu werden, kann ich ihm die Angst nehmen, indem ich ihm zeige, dass mir seine Beiträge wichtig sind und dass ich sie respektiere. Der oft reflexhaft entstehende Wunsch, sich zu behaupten, es dem anderen zu zeigen, würde hier zu einer Verschärfung des Konfliktes führen.

Bleiben wir bei dem Beispiel, um zu überlegen, wie weiter vorzugehen ist: Gehen wir davon aus, dass beiden Personen in erster Linie nicht ein

Sachproblem haben, sondern beide die Sorge haben, von dem anderen herabgesetzt zu werden, und beide den Wunsch haben, von der ganzen Gruppe akzeptiert zu werden, so kann nun überlegt werden, ob und wie die Bedürfnisse miteinander zu klären sind. Hier wird es wichtig, dass man unterscheidet zwischen dem Konfliktziel, dem Bedürfnis selbst, und dem Mittel, also auf welchem Wege das Bedürfnis zu erfüllen ist. Das Mittel, sich das Bedürfnis nach Akzeptanz durch die Gruppe und den Koreferenten zu erfüllen, könnte darin bestehen, witziger, klüger, schlagfertiger und gebildeter zu erscheinen als der jeweils andere. Verwendeten beide Referenten dasselbe Mittel, wäre das Resultat ein endloser, nervtötender Hahnenkampf, der Gruppe und Referenten erheblichen Stress bereitete. Könnten sich die Teilnehmer von der gegenseitigen Rivalität befreien und suchten sie, die Akzeptanz durch freundliches, kooperatives und kompetentes Verhalten (= Mittel, um das Bedürfnis zu befriedigen) zu erreichen, ließe sich der Konflikt sofort lösen. Das eben Dargestellte lässt sich mit der folgenden Matrix systematisieren:

Konfliktmatrix	Für mich	Für die anderen
Worin besteht der Konflikt?	*Sinn macht hier eine möglichst genaue, beschreibende Erklärung*	*(Hier spielen unsere Vorstellungen, Fantasien die entscheidende Rolle)*
Lohnt die Austragung?	*Ist der Konflikt lösbar, berührt er mich, wiederholt er sich ständig, welche Risiken, welcher Ertrag, welche weiteren Folgen hat er?*	
Welche Ängste gibt es?	*Häufig: Beziehungsverlust, Bloßstellung*	
Welche gegenseitigen Fantasien gibt es?	*Typisch sind katastrophische Fantasien*	
Was ist das Konfliktziel?	*Will ich den Konflikt lösen, mich durchsetzen, Rache, Selbstbehauptung?*	

Welches Verhalten sollte ich erwarten?

Was macht eine Lösung möglich?

– aber …!

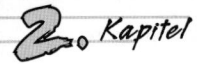

Der Vorteil dieser Matrix liegt darin, dass sie dazu anregt, sich nicht nur der eigenen Konfliktziele bewusst zu werden, sondern auch das Gegenüber empathisch, also verstehend, wahrzunehmen. Natürlich wissen wir nicht genau, welche Bedürfnisse und Ängste der andere hat. Deshalb handelt es sich hier zunächst um Fantasien. Allerdings kann es ja auch Ziel eines Konfliktgespräches sein, entsprechende Klärungen zu erreichen. Versetzen wir uns verstehend in die Lage des anderen, wird es uns in der Regel gelingen,

➡ Wut, Affekte zu kontrollieren,

➡ den Konflikt selbst präzise wahrzunehmen,

➡ die Lösung als entscheidendes Konfliktziel zu setzen,

➡ beweglich in der Austragung des Konfliktes zu sein und

➡ dem anderen die Konfliktängste zu nehmen.

Eine Konfliktlösung, die nicht darin besteht, dass sich der Stärkere kurzfristig durchsetzt, ist möglich, wenn

➡ Klarheit über das Konfliktziel besteht und eine Lösung angestrebt wird,

➡ Ziele und Bedürfnisse der Konfliktparteien nicht in grundsätzlichem Widerspruch stehen,

➡ die Ängste und Fantasien des anderen berücksichtigt werden und

➡ Mittel variabel eingesetzt werden können.

Diese unterschiedlichen Ebenen kann die Konfliktmatrix sichtbar machen. Sie ist als ein Modell zu verstehen, das ermöglicht, das Austragen und die Lösung von Konflikten vorzubereiten. Arbeitet man öfter mit dieser Matrix, automatisieren sich die einzelnen Schritte, und selbst in spontanem Reagieren wird Klarheit über eigene Konfliktziele und Ängste und die des anderen gewonnen. Zugleich entwickelt sich eine Haltung, systematisch Lösungen zu suchen. Dies soll das folgende Beispiel klären:

Man muss kein Held sein ...

Oberstufenunterricht in Klasse 13. Es ist Winter, der erste Schnee ist gefallen. Busse haben Verspätung. Trotzdem findet der Mathe-Leistungskurs pünktlich statt. Die Kurslehrerin, Frau Bendeg, eine drahtige, energische Person, bereitet gerade mit großem Schwung die 2. Klausur vor. Da öffnet sich die Tür, mit einem lässigen:

„Morgen auch!", kommt Frank in den Klassenraum und setzt sich, ohne ein weiteres Wort zu verlieren, auf den Platz.

„Ach, du glaubst also ernsthaft, das reicht?", zischt Frau Bendeg. Frank erhebt sich langsam …

Konfliktmatrix	Frau Bendeg	Frank
Worin besteht der Konflikt?	*Wird gestört, will ihren Unterricht ordnungsgemäß halten, fühlt sich nicht ernst genommen*	*Geht davon aus, dass jeder weiß, dass Pünktlichkeit heute schlecht klappt*
Lohnt die Austragung?	*Für den Lehrer schon, denn es geht um seine Autorität*	*Frank will Ärger vermeiden*
Welche Ängste gibt es?	*Kontrollverlust, Widerstand, Verlust von Verhaltensstandards im Kurs*	*Sanktionen und Rache, bloßgestellt werden vor der Klasse*
Welche gegenseitigen Fantasien gibt es?	*Unhöflich, will provozieren, desinteressiert, mag mich nicht*	*Mag mich nicht, will mir was, will sich aufspielen, „Zanktante", macht Stress*
Was ist das Konfliktziel?	*Ungestörten Unterricht in einem klaren Ordnungsrahmen durchführen, Respekt*	*Den Lehrer nicht gegen sich aufbringen, keinen Stress, kein Prestigeverlust*
Welche Mittel werden eingesetzt, welche sind wahrscheinlich?	*Drohungen, Konfrontationen, öffentliches Diskutieren, Strafen, evtl. mit Leistungsüberprüfung einschüchtern*	*Den Zerknirschten heucheln, evtl. so sehr, dass alle die Heuchelei bemerken, sich entschuldigen, fighten*
Was macht eine Lösung möglich? *Ähnliche Ängste, ähnliche Bedürfnisse, ungestört zu lernen/zu lehren*		

– aber …!

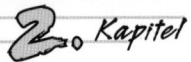

Konfliktmatrix	Für mich	Für die anderen
Worin besteht der Konflikt?		
Lohnt die Austragung?		
Welche Ängste gibt es?		
Welche gegenseitigen Fantasien gibt es?		
Was ist das Konfliktziel?		

Welches Verhalten sollte ich erwarten?

Was macht eine Lösung möglich?

© Verlag an der Ruhr | Postfach 102251 | 45422 Mülheim an der Ruhr | www.verlagruhr.de | ISBN 3-8346-0064-4

Man muss kein Held sein …

Schon ein erster Blick auf die Matrix macht deutlich, dass viele der Konfliktmittel, die eingesetzt werden dürften, beide Parteien hindern, ihr Konfliktziel zu erreichen. Erkennbar wird auch, dass das wahrscheinlich bevorstehende Kräftemessen beiden Teilnehmern Ängste bereiten wird, denn verlieren können es beide. Und wer sich von Ängsten leiten lässt, agiert selten souverän. Hätte sich Frank klargemacht, dass die Lehrerin sein flapsiges Verhalten als Provokation begreifen würde, hätte er vermutlich Banales über Straßenzustand und Busverbindungen von sich gegeben. Hätte Frau Bendeg realisiert, dass Frank sie keinesfalls provozieren wollte und davon ausging, dass bei diesem Straßenzustand Verspätungen normal seien, hätte sie ihn freundlich fragen können, an welchem Verkehrsmittel seine Mühen um Pünktlichkeit gescheitert seien.

(Die Konfliktmatrix auf Seite 58 kann Ihnen als Kopiervorlage dienen.)

▶ Arbeiten mit der Konfliktmatrix, Beispiel Elterngespräch

Sie bereiten sich auf ein Gespräch mit Frau Winkel vor. Frau Winkel ist Kevins Mutter, eines Schülers der Klasse 8. Sie wissen, dass Frau Winkel berufstätig und sehr belastet ist. Aus früheren Gesprächen wissen Sie auch, dass Frau Winkel große Stücke auf ihren Jungen hält. In mehreren Schulgesprächen verteidigte sie ihren Sohn nachdrücklich. Schuld am Fehlverhalten seien nur die anderen Schüler und die Lehrer, die Kevin falsch anpacken und alles übertrieben. Zu Hause sei Kevin nie aggressiv. – Sie sehen Kevin anders. Er ist zwar überdurchschnittlich intelligent, jedoch nutzt er seine Fähigkeiten kaum. Ständig provoziert er seine Mitschüler, benimmt sich auch Ihnen gegenüber aggressiv und unhöflich. Die letzte Stunde hat das Maß voll gemacht. Kevin kam von der Tafel zurück, an der er nachdrücklich seine Mathematikschwäche bestätigte. *„Ich habe keinen Bock auf die Kacke"*, knurrte er, als er auf seinen Platz zurückging und stieß dabei mit einem Fußtritt die Tasche eines Mitschülers fort. Kurz darauf beobachteten Sie, wie Kevin aufstand, scheinbar um zum Papierkorb zu gehen. Als er sich unbeobachtet glaubte, schlug er einen Mitschüler heftig in den Nacken. Mit Unschuldsmiene setzte sich Kevin wieder hin. Als Sie ihm sagten, was Sie gesehen hatten, brüllte Kevin los: *„Immer ich, das ist doch Scheiße, Sie wollen mich fertig machen."*

– aber …!

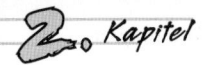

Aufgabenstellung:

Tragen Sie in die Konfliktmatrix ein, wie sie die Voraussetzungen für ein Gespräch mit Frau Winkel einschätzen. Entwickeln Sie anschließend eine Gesprächsstrategie.

Lösungsvorschlag:

Für Sie besteht der Konflikt in der Zukunft: Sie müssen eine uneinsichtige Mutter zur Einsicht und zur Kooperation bringen. Für Frau Winkel besteht der Konflikt darin, dass Sie ihren Kevin gegen einen ungerechten Lehrer verteidigen muss, der dummerweise noch die Macht hat, ihrem Sohn zu schaden. Die Austragung des Konflikts lohnt für beide. Sie wollen Ihren Unterricht ungestört abhalten und vernünftig mit Kevin arbeiten können. Frau Winkel möchte ihren Sohn schützen. Ihre Ängste dürften darin liegen, dass das Gespräch auf unerfreuliche Art und Weise scheitert, dass man Ihnen Vorwürfe macht, sich evtl. über sie beschwert. – Frau Winkel hat sicher die Angst, dass Schaden für ihren Sohn entsteht. Sie wird weiter die Angst haben, dass sie selbst wegen ihrer Erziehungsmethoden ange-griffen wird. Mit großer Wahrscheinlichkeit wird sie auch Angst davor haben, Wahres über ihren eigenen Sohn zu erfahren. Denn es ist sehr wahrscheinlich, dass sie durchaus eine Ahnung davon hat, dass ihr Kevin keineswegs der Musterknabe ist, für den sie ihn ausgibt. Ängste könnten auch darin bestehen, dass sich Frau Winkel gezwungen fühlt, zum ersten Mal konsequent und versagend mit Kevin umzugehen.

Ihr Konfliktziel als Lehrer ist nicht, Frau Winkel darüber aufzuklären, dass sie eine schlechte Mutter ist, sondern sie zur Mitarbeit zu gewinnen, damit sich Kevins Verhalten ändert. Frau Winkel dürfte zwei Konfliktziele haben. Sicher will sie ohne Vorwürfe und ohne Angriffe auf ihre Person und auf Kevin aus der Situation herauskommen. Auch möchte sie be-stimmt, dass es ihrem Sohn in der Schule besser geht. Frau Winkel wird Sie als gefühllosen aber gefährlichen Beamten einschätzen, der ihren Kevin bürokratisch und falsch behandelt. Deshalb werden Sie auch mit Angriffen auf Ihre Person und Ihre Art zu unterrichten rechnen müssen. Eine Lösungsstrategie kann aus den nicht so unterschiedlichen Konfliktzielen abgeleitet werden. Sowohl Frau Winkel als auch Sie haben das gemeinsame Interesse, dass sich die schulische Situation Kevins ändert. Wenn es Ihnen dann noch gelingt, Frau Winkel die Ängste am Anfang des Gespräches zu nehmen, ist eine Lösung möglich.

So könnten Sie beispielsweise nach der üblichen Begrüßung das Gespräch entsprechend einleiten: *„Ich habe Sie zu dem Gespräch gebeten, weil ich mit Ihnen erreichen möchte, dass Kevin in der Schule erfolgreich lernt und arbeitet. Hier möchte ich gerne mit Ihnen zusammenarbeiten."*
Diese Zielangabe wird Frau Winkel ihre Angst nehmen und vielleicht wird sie es sogar vermeiden, Sie anzugreifen. Wenn Sie es dann im Gespräch unterlassen, Kevin negativ zu klassifizieren, sondern sein Verhalten beschreiben (Nicht: Er ist faul und aggressiv, sondern: In den letzten zwei Wochen hat er drei Mal die Hausaufgaben für Mathematik nicht erledigt, ich konnte beobachten, wie er einen Mitschüler ohne einen erkennbaren Anlass schlug ...), wenn Sie auf Vorwürfe gelassen reagieren („Zu Hause macht er das nie, Sie packen den Kevin falsch an." – *„Die Situation in der Schule ist ja anders. Da sitzt Kevin mit 24 Schülern in einer Klasse. Da kann ich keinem Einzelnen so viel Aufmerksamkeit widmen."*) und Frau Winkel sich nicht von Ihnen angeklagt fühlt, sondern den Eindruck hat, dass Sie daran interessiert sind, dass sich Kevins Situation in der Schule bessert, bestehen realistische Chancen, dass Frau Winkel mit Ihnen kooperiert und das Gespräch erfolgreich endet (*„Gut, ich werde mir die Hausaufgaben zeigen lassen und ich werde ihm auch sagen: Kevin, auch wenn man dich ärgert, du darfst dich wehren, aber du darfst keinen schlagen."*).

Fazit ▶▶▶▶▶▶▶▶

Wenn es gelingt, (mit Hilfe der Konfliktmatrix) Bedürfnisse, Ängste, Ziele und Strategien beider Konfliktparteien zu klären, sind dauerhafte Lösungen eher möglich. Das Konfliktverhalten wird bei allen Beteiligten rationaler und lösungsorientierter, wenn es gelingt, die eigenen Aktionen als eigene Entscheidungen und nicht als Reaktionen auf den bösen anderen bewusst zu machen.

– aber ...!

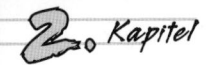
Unser Konfliktverhalten ist gesellschaftlich vermittelt

Wie wir unsere Konflikte austragen, wie wir uns persönlich verhalten, ist auch gesellschaftlich vermittelt. In unserer Konkurrenzgesellschaft geht es häufig darum, den anderen zu besiegen, sich gegen ihn durchzusetzen. Wer sich durchsetzt, konkurriert erfolgreich. Wie weit Konkurrenzverhalten unseren Alltag prägt, zeigt sich auch im Freizeitbereich, der ja eigentlich, von den Zwängen beruflicher Konkurrenz befreit, alternative Verhaltensmuster hervorbringen sollte. Doch das ist nur selten der Fall. Fast alle Spiele funktionieren nach dem Gewinner-Verlierer-Prinzip und auch die populärsten Sportarten gewinnen ihren Reiz dadurch, dass es Gewinner und Verlierer gibt. Häufig wird sogar der Regelbruch in Kauf genommen, um erfolgreich zu sein.

Diese Muster setzen sich im Alltag durch, auch dort, wo dieses Konfliktverhalten unproduktiv und schädlich ist. Viele Menschen können sich kein anderes Konfliktverhalten vorstellen und entsprechend gestresst gehen sie Konflikte ein: Stress entsteht, weil jeder, der den Sieg anstrebt, auch den Alptraum der eigenen Niederlage vor Augen hat. Dieser Stress ist gerade für das Konfliktverhalten von Lehrern typisch: Setzt man sich nicht durch, gewinnt man nicht den Konflikt, büßt man seine Autorität ein. Dagegen steht ein Konfliktverhalten, das in erster Linie die Lösung des Konfliktes im Auge hat. Lösung bedeutet nicht Nachgeben, auch nicht unbedingt den Kompromiss, sondern eine Lösung ist dann gelungen, wenn beide Seiten die Bedürfnisse, die sie in den Konflikt einbrachten, erfüllen können. Auf diesem Konzept basiert auch die Konfliktmatrix, die zuvor beschrieben wurde.

▶ Mischformen im Alltag

Handeln vollzieht sich ja nur selten eindimensional. Deshalb tritt ein Konfliktverhalten, das nur das Sichdurchsetzen zum Ziel hat, im Alltag selten in reiner Form auf. Auch in beruflichen Konflikten, wir sehen hier bewusst von Mobbingprozessen ab, besteht zwar der starke Wunsch, sich durchzusetzen, jedoch gibt es auch hier Rücksichtnahmen, die ein aggressives Austragen von Durchsetzungsstrategien verhindern. Ein Lehrer wird beispielsweise einen störenden Schüler im Regelfall nicht beschimpfen, nicht demütigen – so hoffen wir – oder gar körperlich angreifen, um Ruhe zu erreichen, obwohl er so zumindest kurzfristig Erfolg haben könnte. Allerdings verlangen die Lehrerrolle und die Umstände der Berufsausübung ein besonders hohes Maß an Selbstdisziplin, denn ihre verbalen Übergriffe werden nur selten geahndet und nur selten sind ihre Konfliktgegner intellektuell und von der Konfliktfähigkeit ebenbürtig. Auch sind sie institutionell untergeordnet und der Sanktionsmacht der Lehrer ausgesetzt.

▶ Gezielte Konfliktlösungen finden nur selten im Alltag statt

Die meisten Mischformen basieren auf Durchsetzungsstrategien. Dagegen finden wir im Alltag nur selten ein Verhalten, das sich primär an Konfliktlösungen orientiert und das die Bedürfnisse des Gegenübers als genauso berechtigt definiert wie die eigenen. Um eine für beide Seiten zufrieden stellende Lösung zu erreichen, sollte nicht sofort ein Kompromiss angestrebt werden, sondern auf die Bedürfnisse der Konfliktparteien eingegangen werden. Viele Kompromisse sind nämlich für beide Seiten unbefriedigend. Lösungsstrategien sind deshalb nicht einfach, zumindest anfangs nicht. Sie erfordern die Kreativität der Beteiligten und die Fähigkeit, empathisch zu handeln.

Dies soll folgende Überlegung zeigen: Eine Klasse ist unruhig, stört, ist abgelenkt. In klassischer Durchsetzungsmentalität würde der Lehrer versuchen, die Schüler mit Drohungen, Druck und Strenge zu disziplinieren. Die Motive und Bedürfnisse der Schüler interessierten ihn nicht. Unsinnig und keinesfalls ein Lösungsverhalten wäre hier der folgende Kompromiss: Die Schüler verpflichteten sich, 20 Minuten aufzupassen und dürften dann nach eigenem Gutdünken die restliche Unterrichtszeit verlärmen. Hier würden sich die Schüler durch für sie vermutlich 20 öde Minuten quälen, um dann dem Lehrer während der restlichen Stunde die Nerven zu ruinieren. Dagegen würde bei einer echten Lösungsstrategie der Lehrer nach den Ursachen der Unruhe suchen, der Klasse seine eigenen Bedürfnisse aufzeigen, dass er ihr nämlich unter für alle Beteiligten akzeptablen Umständen etwas beibringen will, mit der Klasse zu tragbaren Lösungen kommen.

Dass dies Mühe erfordert, nicht leicht zu erreichen ist und oft von Fehl-
versuchen begleitet sein wird, liegt auf der Hand. Ebenso klar ist jedoch,
dass die Konfliktlösung dann dauerhafter und erfolgreicher ist als jeder
noch so erfolgreiche Disziplinierungsversuch, der ja täglich auf der Probe
steht und von einem nicht endenden Kräftemessen begleitet wird.

▶ Eine Gegenüberstellung zweier Konfliktmuster

Soll ein Konflikt erfolgreich gelöst werden, unterscheiden sich auch die
Mittel, mit denen dieser Konflikt ausgetragen wird, von denen, die sich
auf das Ziel konzentrieren, sich durchzusetzen. Eine Gegenüberstellung
beider Konfliktmuster, die Extreme in einer Skala möglichen Konfliktverhaltens markieren, veranschaulicht dies:
Je nach Grundeinstellung gehen Personen ganz unterschiedlich an Konflikte heran. Daraus ergeben sich auch unterschiedliche Ziele und Mittel:

Durchsetzungsstrategie	*Lösungsstrategie*
Ziel:	*Ziel:*
Ich will über den anderen siegen.	*Ich will den Konflikt lösen.*
Ich will mich durchsetzen,	*Ich will mich einigen,*
will den Konflikt gewinnen.	*will kooperieren.*
Mittel:	*Mittel:*
Ich behalte mein Wissen	*Ich erkläre meine Motive und die*
und meine Ziele für mich.	*Gründe für mein Handeln.*
Du-Botschaften	*Ich-Botschaften*
Mir ist jedes Mittel recht.	*Ich verhalte mich fair.*
Ich darf täuschen,	*Ich argumentiere, will überzeugen,*
tricksen, bluffen.	*höre zu, bedenke Gegenpositionen,*
Ich drohe, greife an.	*stelle eigene Haltungen in Frage.*
Der andere ist der Feind.	***Der andere ist der Partner.***

Die Gegenüberstellung taugt nur sehr begrenzt zur Diagnose eines Konfliktverhaltens. Denn die Annahme ist falsch, dass diese Grundhaltung
immer an der Form zu erkennen ist, wie der Konflikt jeweils ausgetragen

wird. So kann jemand, der sich um jeden Preis durchsetzen will, durchaus freundlich wirken, lächeln, höflich sein, allerdings dies vor dem Hintergrund, manipulieren zu wollen, zu täuschen.

So sind Betrüger in den meisten Fällen freundlich, scheinbar entgegenkommend. Scheinbare Freundlichkeit ist überhaupt eine – oft erfolgreiche – Durchsetzungsstrategie. Andererseits kann auch jemand, der zornig und laut auftritt, die Bedürfnisse seines Gegenübers im Auge haben. Zumindest, so lässt sich folgern, sollte man sich hüten, ein Konfliktverhalten vorschnell zu klassifizieren.

▶ Klarheit über eigene Konfliktmuster gewinnen

Im Schulalltag sind wir ständig in Konflikte verwickelt. Oft werden sie uns nicht bewusst, beeinflussen aber dennoch unseren Umgang mit Schülern und Kollegen. Und sehr oft benutzen wir Durchsetzungsstrategien, wo Lösungsstrategien angemessener sind. Und nicht selten verlieren wir diese Konflikte.

Ein Referendar schwitzte während eines Unterrichtsbesuchs. Er stand unter Zeitdruck. Die Schüler der 12. Klasse arbeiteten eifrig. Man wünschte dem jungen Mann nichts Schlechtes.

„Sie haben noch genau 5 Minuten Zeit, um ihre Partnerarbeit abzuschließen."

Damit eröffnete der Referendar den Konflikt. Die kooperierenden Schüler wurden nicht gebeten, wie es auch möglich gewesen wäre, die Arbeit in 5 Minuten zu beenden, sondern ihnen wurde ein Zwang auferlegt. Der Referendar wurde zum Herren über die Zeit und teilte sie streng zu. Noch gab es keinen Widerstand. Man schaute nur erstaunt ob des harschen Tones, denn zuvor agierte der junge Mann betont freundlich und zugewandt.

2 Minuten später rief er wieder in die Klasse:
„Ich möchte Sie noch mal daran erinnern, dass Sie nur noch 3 Minuten haben."

Unwilliges Gemurmel: *„Ich dachte, ich würde noch länger leben."*

– aber …!

„Hopp, hopp, hopp, Pferdchen lauf Galopp!", intonierte ein anderer.

Trotzdem: Die Klasse beendete den Auftrag pünktlich, agierte immer noch wohlgesonnen. Bis es zum Abschreiben einer Folie kam:
„Der Text ist ja kurz. Ich denke, nein, ich erwarte, dass Sie dass in 30 Sekunden erledigt haben."

Unwilligeres Gemurmel. Nach kurzer Zeit meldete sich ein Schüler.
„Noch Fragen, Max?"
„Ja, Herr Lehrer. Ich wollte nur wissen, ob ich jetzt eine 5 bekomme."
„Wieso denn das?"
„Wir hatten doch nur 30 Sekunden zum Abschreiben und ich habe, das ist genau gestoppt, 41 Sekunden gebraucht."

Ein klassischer K.O.

Dieser Konflikt steht für viele Auseinandersetzungen in der Schule, die unnötig sind. Der Konflikt zwischen Klasse und Lehrer wurde erst durch den sinnlosen Machtanspruch des Referendars hervorgerufen. Viele Schulkonflikte entstehen, weil Lehrer ohne Not zu Durchsetzungsstrategien greifen. Disziplin entsteht nicht durch Kraftproben. Zudem taucht hier ein weiterer typischer Fehler auf: Wenn ich Zwang oder Druck anwende, muss ich zumindest in der Lage sein, diesen Zwang erfolgreich durchzusetzen. In dieser Situation ließ sich der Lehrer auf eine Konfrontation ein, die er kaum gewinnen konnte. So verliert er Autorität. Da diese Angst bei Kraftproben immer mitschwingt, sind Durchsetzungsstrategien, auch wenn sie erfolgreich sind, anstrengend. Sie produzieren Stress.

Tipp:

Notieren Sie sich doch morgen nach jeder Stunde alle Konflikte, die Sie ausgetragen haben. Überlegen Sie anschließend, wie oft Sie Durchsetzungsstrategien verwendet haben und ob diese wirklich einen Sinn machten. Entwickeln Sie anschließend entsprechende Lösungsstrategien.

▶ Lösungsstrategien sind nicht immer möglich

Es gibt auch Konflikte, die nicht unter der Berücksichtigung der gegenseitigen Bedürfnisse gelöst werden können, sondern bei denen man sich durchsetzen muss, auch wenn der Erfolg nicht sicher ist. Deshalb weichen wir hier auch von den häufig benutzten Begriffen Win-Win und Win-Lose ab, die eine Durchsetzungsstrategie a priori moralisch ächten. Hält sich eine Konfliktpartei nämlich nicht an banale Regeln und setzt sie ihr Verhalten fort, ist eine auf Verständigung basierende Konfliktlösung nicht möglich. Setzt ein mobbender Schüler trotz Aufklärung und trotz Ermahnungen unbeirrt sein Verhalten fort, ist es notwendig, sich gegen ihn durchzusetzen. Einem Schüler, der fortgesetzt auf variabelste Art gegen die Schulordnung verstößt, ist irgendwann nicht mehr mit einer Lösungsstrategie beizukommen.

Unser Beruf und unsere Vernunft verlangen dann von uns, uns durchzusetzen. Allerdings sollte der Zwang erst als letztes Mittel eingesetzt werden. Viele Konflikte, von denen man zuerst annimmt, dass sie nur über Durchsetzungsstrategien zu Ende geführt werden können, lassen sich nämlich lösen.

▶ Verantwortlich für das eigene Konfliktverhalten

Unterschiedliche Konfliktmuster zeigen auch, dass der Einzelne wählen kann, wie er sich im Konflikt verhält. Eine typische Schülerantwort, mit der aggressives Verhalten entschuldigt wird, lautet: „Der ... hat doch angefangen." Mit dieser Erklärung entzieht sich der Sprecher der Verantwortung für sein Handeln. Er definiert sich selbst als zwanghaft. Gelingt es, diesen Schülern zu zeigen, dass die Verknüpfung von Aktion und Reaktion nicht zwanghaft ist, sondern auf einer eigenen Entscheidung beruht, ist viel gewonnen.

– aber ...!

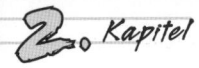

Frau Prevel eilt in ihre 7. Klasse, denn schon auf dem Flur hört sie lautes Geschrei, das nichts Gutes verheißt. Als sie den Raum betritt, wird sie zunächst nicht wahrgenommen. Zwei Mädchen, Rahel und Steffi, stehen sich heftig atmend gegenüber. Hinter den beiden stehen mehrere Parteigänger, rufen Unverständliches. Steffi blutet aus der Nase. Die Jungen stehen abseits und beobachten eher irritiert die Mädchen.

„Was ist denn hier los?" Frau Prevel musste die Frage drei Mal wiederholen, bis sie bemerkt wurde. Es dauerte noch eine Weile, bis Folgendes herauskam: Rahel hatte Steffi mit der Faust auf die Nase geschlagen, weil Steffi schlecht über Rahels Mutter gesprochen hatte.

„Das brauche ich mir nicht gefallen lassen. Da musste ich ihr eine hauen."

„Ich habe doch nur über ihre Mutter gelästert, weil Rahel gesagt hat, dass ich mit jedem gehe. Das muss ich mir auch nicht gefallen lassen."

„Ach, und wer hat gesagt, dass ich immer fetter werde? Das warst doch du. Da musst du dich nicht wundern, wenn du auch was abkriegst."

Frau Prevel schaute die Mädchen lange an, die auf ihr Urteil warteten. **„Ihr habt beide nur deshalb etwas getan, weil die andere was gemacht hat. Stimmt's?"** – Die beiden nickten. **„Fangen wir mal am Ende an. Rahel, du hast Steffi geboxt, weil sie deine Mutter beleidigt hat."**

„Ja, da hat Steffi selbst Schuld."

„Langsam, Rahel. Du hast dich dazu entschieden, Steffi zu schlagen. Du hättest ihr sagen können: Lass das sein! Oder du hättest gehen können, du hättest dich sogar mit Steffi versöhnen können oder du hättest mich informieren können. Unter den vielen Möglichkeiten, die du hattest, hast du das Schlagen ausgesucht. –
Und du, Steffi, hättest genauso gut darauf verzichten können, Rahels Mutter anzugreifen. Das war dein Entschluss und nicht Steffis Schuld ..."

Auch Lehrer definieren ihr Handeln gelegentlich als direkte Folge von Schüleraktionen, nicht als eigene Entscheidung. Niemand muss einen Störenden anschreien, niemand muss wütend werden, wenn Hausaufgaben miserabel erledigt oder vergessen wurden. Dieser Zwang existiert nicht. Hier drücken sich eigener Wille und die eigene Entscheidung aus oder der Kontrollverlust über die eigenen Emotionen.

▶ Eine Veranschaulichung und ein Test

Der folgende Test soll veranschaulichen, wie sich im Unterricht die unterschiedlichen Konfliktmuster darstellen können.

Konfliktmuster

Durchsetzen ⬅━━━━━━➡ Lösen

0   1   2   3   4   5   6   7   8   9   10

Extreme eines Kontinuums von Konfliktmöglichkeiten

Positionieren Sie die folgenden Verhaltensweisen:
Ein Schüler der 8. Klasse stört ständig Ihren Unterricht durch Reden, Lachen, Zwischenbemerkungen. Sie reagieren, indem Sie ...

a) den Schüler bestrafen, indem Sie ohne Ankündigung seinen Eltern einen Brief schreiben.

b) ihm klarmachen, dass sein Verhalten nicht ohne Konsequenzen auf seine Note sein wird.

c) ihn ignorieren, wenn er stört, und den Unterricht fortführen.

d) ihm vor der Klasse erklären, dass sein Verhalten störend und unerträglich ist und sie ihm Sanktionen ankündigen, möglicherweise eine Klassenkonferenz.

e) ihn fragen, was ihn an Ihrem Unterricht störte.

f) ihm nach der Stunde erklären, dass Sie sich von ihm gestört fühlen.

g) ihn von der Stunde ausschließen.

– aber ...!

h) ihn aufrufen und versagen lassen.

i) ihm einen Kompromiss anbieten: Wenn er ruhig ist, muss er keine Hausaufgaben machen.

j) ihm klarmachen, dass er für sich und sein Verhalten selbst verantwortlich ist und Sie keine Lust mehr hätten, ihn ständig zu ermahnen, um anschließend mit ihm zu klären, wie die gemeinsame Arbeit in Zukunft aussehen soll.

k) ihn fragen, ob er sich geistig überfordert fühle.

Auflösung:
Man kann natürlich über die Zuordnungen streiten und eine absolute Festlegung gaukelt eine Sicherheit vor, die so nicht existiert. Trotzdem: Ganz links, also in der Nähe von 0, sind folgende Antworten einzuordnen: **a), h), i)** (Weil Sie sich hier selbst zum Verlierer machen, indem Sie alle Ansprüche an Gerechtigkeit und einen rationalen Unterricht aufgeben.) und **k)** (wegen der öffentlichen Demütigung).
Der Lösungsstrategie kommt besonders **j)** entgegen, also eine Einordnung bei 10, wenn der Schüler wirklich die Möglichkeit hat, eigene Vorstellungen zu artikulieren und Sie bereit sind, diese zu berücksichtigen. (Es geht hier nicht um Ihre Kapitulation vor unsinnigen Vorschlägen …)

Fazit ▶▶▶▶▶▶▶▶

Konfliktlösungsstrategien sind nicht leicht zu realisieren, auch in unserem Alltag sind sie eher selten. Sie sind aber erfolgreicher und dauerhafter als Durchsetzungsstrategien. Damit sie gelingen, ist oft die Beherrschung bestimmter Konflikttechniken notwendig, die im Folgenden vorgestellt werden. Genauso wichtig wie die Kenntnis unterschiedlicher Techniken ist jedoch die Einstellung, mit der man Konflikte angeht. Durchsetzungsstrategien produzieren Stress, und zwar immer, weil sie die Gefahr des

Man muss kein Held sein …

Scheiterns und damit der Niederlage und den damit verbundenen Verlust von Ansehen und Autorität in sich tragen. Scheitern Lösungsversuche, kann man das auch als Niederlage empfinden, man verliert jedoch keinesfalls an Ansehen. Man hat nicht verloren, sondern nur ein vernünftiges Angebot gemacht, das nicht angenommen worden ist. Die veränderte Einstellung schafft zumindest langfristig eine andere, produktivere und entspannte Wahrnehmung von Konflikten.

Ich-Botschaften und Du-Botschaften

Ein Mittel, um eine Konfliktlösungsstrategie erfolgreich durchzuführen, sind Ich-Botschaften. Denn Missverständnisse oder die fehlende Bereitschaft, sich mit den Motiven des anderen auseinander zu setzen, sind nicht die einzigen Ursachen, die Konflikte entstehen lassen können oder dazu beitragen, dass sich Konflikte verschärfen oder gar nicht lösen lassen. Oft sind es bestimmte sprachliche Mittel, die ähnlich Negatives bewirken, ohne dass es – im Gegensatz zu Beschimpfungen – gewollt ist. Auf diese sprachlichen Mittel verweist neben anderen auch Schulz von Thun (F. Schulz von Thun, Miteinander Reden, Bd. 1, Hamburg 1981, S. 112 f.).

Eine Ich-Botschaft stellt den Gegenbegriff zu der so genannten Du-Botschaft dar. In der Ich-Botschaft macht der Sprecher seine eigene Haltung, seine eigenen Gefühle deutlich. Er vermeidet Schuldzuweisungen an Dritte, stellt seine eigene Sichtweise der Dinge heraus. In der Du-Botschaft wird der andere verurteilt, bewertet, angegriffen. Hier gibt der Sprecher dem Adressaten die Schuld an Konflikten und misslichen Situationen. Eine typische Schulsituation kann dies veranschaulichen: Ein Lehrer erklärt einem Schüler einen Zusammenhang, der begreift nicht. Er erklärt noch einmal, der Schüler begreift immer noch nicht.

– aber ...!

Nach einem dritten fehlgeschlagenen Erklärungsversuch sagt
der Lehrer in der

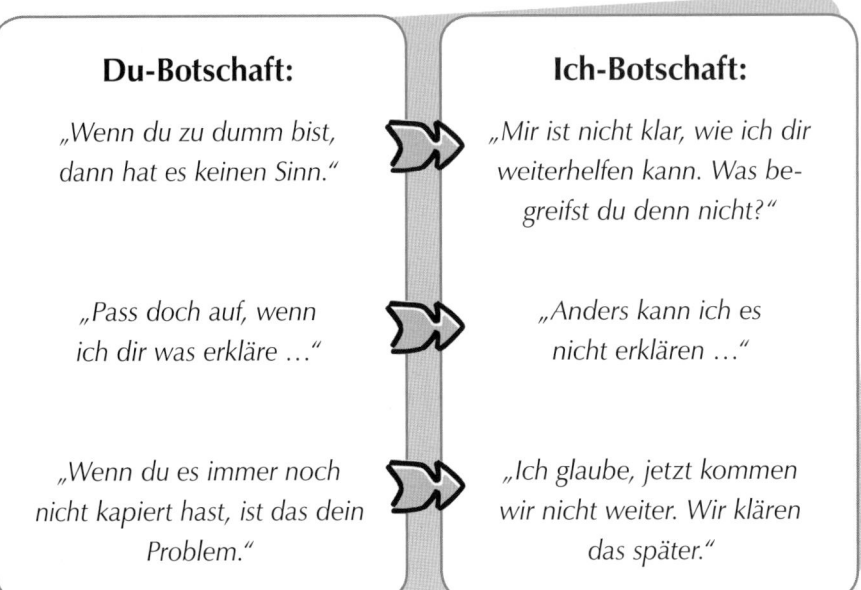

Du-Botschaft:

*„Wenn du zu dumm bist,
dann hat es keinen Sinn."*

*„Pass doch auf, wenn
ich dir was erkläre …"*

*„Wenn du es immer noch
nicht kapiert hast, ist das dein
Problem."*

Ich-Botschaft:

*„Mir ist nicht klar, wie ich dir
weiterhelfen kann. Was be-
greifst du denn nicht?"*

*„Anders kann ich es
nicht erklären …"*

*„Ich glaube, jetzt kommen
wir nicht weiter. Wir klären
das später."*

▶ Ich-Botschaft ist keine sprachliche Kategorie

Das Beispiel zeigt auch, dass die Ich-Botschaft nicht eine grammatische
oder sprachliche Kategorie ist. Insofern ist die Begrifflichkeit nicht glücklich, denn nicht jeder, der „Ich" sagt, meint auch „Ich".

Das folgende Beispiel veranschaulicht dies: Während einer Teamsitzung
planten wir, mehrere Lehrer, die gerade eine Ausbildung in kommunikativer Konfliktregelung abgeschlossen hatten, eine Fortbildungsveranstaltung.
Einer meiner Kollegen entwickelte ein in meinen Augen völlig unsinniges
Konzept. In sanften Worten, man war ja sensibilisiert worden, kritisierte
ich die Vorstellungen des Kollegen. Wohl nicht sanft genug. Traurig lehn-
te er sich zurück, musterte mich lange und flüsterte fast: *„Ich fühle eine
Verletzung."* Hier ging es eben nicht um eine authentische Darstellung
eigener Gefühle, sondern um einen kommunikativ getarnten Vorwurf.
Die Wirkung war übrigens durchschlagend.
Die anderen Kollegen warfen mir kritische bis vorwurfsvolle Blicke zu.
Für den Kreis war ich offensichtlich nicht sensibel genug.

Zu einem Meinungsumschwung kam es erst, als der leidende Kollege ständig Ich-Aussagen über innere Verletzungen äußerte, bis es auch dem Einfühlsamsten dämmerte, dass es hier um Angriffe ging und nicht die Darstellung innerer Befindlichkeiten. Nach der 15. Verletzung erhielt der Kollege die Antwort, dass er nun sehr tapfer sein solle, da weitere Verletzungen wohl unvermeidlich seien.

Es geht also bei Ich-Botschaften nicht darum, das Personalpronomen „Ich" möglichst inflationär zu verwenden, um sich in Konflikten klar und nicht aggressiv darzustellen. Dass selbst Autoritäten dem „Ich" aufsitzen, macht folgendes Zitat des Schulz von Thun deutlich:

Als Beispiel für eine **Du-Botschaft** nennt er: *„Mit der Hose machst du dich lächerlich, zieh bloß 'ne andere an."* Stattdessen schlägt er folgende **Ich-Botschaft** vor: *„Ich habe Angst, dass die Leute über deine Hose lachen, und dann würde ich mich schämen."* (Schulz von Thun 1981, S. 112). Diese Ich-Botschaft ist in Wirklichkeit eine verdeckte Du-Botschaft. Hier werden die eigenen Ängste und der eigene Geschmack zum Maßstab gemacht, nach dem sich der andere zu richten hat. Gleichzeitig sagt man ihm: *„Du bist geschmacklos angezogen."* Im Grunde haben die beiden Musterbotschaften Schulz von Thuns die gleiche Aussage, lediglich die sprachliche Form ist anders, wobei die Ich-Botschaft der perfidere, weil besser getarnte Angriff ist. Eine bessere Ich-Botschaft lautete hier: *„Ich mag deine Hose nicht."* Allerdings setzt auch hier der Sprecher unaufgefordert seine ästhetischen Vorstellungen zum Maßstab für einen anderen, was eine durchaus konfliktträchtige Haltung ist.

Schüler, die mit unbekümmerter Albernheit auf einer Fortbildungsveranstaltung mit Ich-Botschaften spielten, zeigten, wie aggressiv sprachliche Ich-Botschaften sein können. Ein Gruppenmitglied stieß erst verspätet zur Fortbildung. Kaum hatte es sich gemütlich an den Frühstückstisch gesetzt, wurde es mit Ich-Botschaften überschüttet. *„Ich möchte nicht, dass du so viel Marmelade nimmst."* – *„Mich stört es, wenn ich dir Kaffee geben muss."* – *„Sitz doch nicht so leger. Ich will das nicht."* Wenn Sie jemanden bevormunden oder zu Weißglut bringen wollen, kann ich Ihnen nur zu dieser Form der Ich-Botschaften raten.

▶ Eine Gegenüberstellung von Ich- und Du-Botschaften

Will man wirklich überflüssige Konflikte vermeiden oder Konflikte effektiv lösen, so sollte man also weniger darauf achten, das „Ich" zu verwenden, sondern die Haltung zum anderen überprüfen. Allerdings erleichtern Ich-Botschaften, wenn sie reflektiert verwendet werden, eine Konflikthaltung einzunehmen, die Lösungen anstrebt. Unterschiede von Du- und Ich-Botschaften lassen sich folgendermaßen zusammenfassen:

Du-Botschaften …

- ⇥ … sagen dem anderen, wie er angeblich ist (*„Du bist frech."*) und bewerten ihn.
- ⇥ … schieben dem anderen die Verantwortung zu. (*„Du kannst nicht erklären."*)
- ⇥ … verbergen die eigenen Gefühle und Haltungen. (*„Du hast dich schlecht benommen."*)
- ⇥ … verhindern in Konflikten Klärungen. (Worüber soll der „Verurteilte" denn noch sprechen?)
- ⇥ … geben dem anderen die Schuld an dem Konflikt. (*„Du willst mich nicht verstehen."*)
- ⇥ … greifen den anderen an und eskalieren den Konflikt.

Ich-Botschaften …

- ⇥ … drücken die eigene Befindlichkeit aus. (*„Ich ärgere mich über …"*)
- ⇥ … zeigen die eigene Verantwortung. (*„Das habe ich nicht verstanden."*)
- ⇥ … zeigen Gefühle und Haltungen. (*„Ich bin wütend über das Verhalten."*)
- ⇥ … ermöglichen Kommunikation in Konflikten. (Die eigene Position wird deutlich gemacht, ohne den anderen anzugreifen.)
- ⇥ … lassen die Schuldfrage offen. (*„Ich habe das nicht verstanden."* – Weshalb nicht, bleibt offen.)
- ⇥ … ermöglichen die Deeskalation oder Lösung eines Konfliktes. (*„Ich habe die Sache so gesehen, deshalb habe ich …"*)

Schulz von Thun beschreibt die Funktion von Du-Botschaften so:
„Die Du-Botschaft ist ein durchaus taugliches Kampfmittel. Sie hat nicht nur den ‚Vorteil', dass die eigene Innenwelt unkenntlich bleibt, sondern auch, dass der andere in Bedrängnis gerät." (Schulz von Thun 1981, S. 112).
Nun sollte man sich davor hüten, Du-Botschaften als moralisch Schlechtes zu etikettieren. Wir alle benutzen sie immer wieder, oft auch unbewusst. Wichtig ist vielmehr, dass man sich klar macht, dass Du-Botschaften Konflikte verschärfen können und das Gegenüber zu aggressivem Verhalten provozieren. Es ist eben ein Unterschied, ob jemand sagt:
„Ich ärgere mich über die Unordnung, die in deinem Zimmer herrscht."
Oder ob er sagt: *„Du bist einfach ekelhaft unordentlich, da muss man ja wütend werden."*

Schulz von Thun vergleicht Du-Botschaften mit einem Eisberg, von dem die größten Teile nicht sichtbar sind – unsere Eigenanteile an dem Konflikt. Das Problem liegt nur beim Gegenüber. Die Ich-Botschaft dagegen thematisiert in der Regel nicht, wer an einem missliebigen Zustand die Schuld trägt, sondern zeigt auf, dass der Sprecher bereit ist, für sein Handeln einzustehen.

▶ Ich-Botschaften bieten Chancen zur Konfliktlösung

Für verschiedene Klassenkonflikte sind Ich-Botschaften deshalb eine Lösungsmöglichkeit. Viele Kollegen beschweren sich beispielsweise, dass in ihren Klassen ein rüder, aggressiver Ton herrscht.
Wollen Sie hier Ihre eigene Haltung zum Ausdruck bringen wollen, wären Du-Botschaften kontraproduktiv: *„Ihr seid schlecht erzogen, eure Umgangsformen sind das Letzte. Das ist mies, wie ihr miteinander umgeht. Hört mal, könnt ihr nicht anständig miteinander reden?"* In diesem Fall hört die ganze Klasse nur den Vorwurf. Sie treten ihr als „nörgelnder älterer Mensch" entgegen. Durch diese kollektiven Vorwürfe bauen sie zwischen sich und Ihrer Klasse eine Front auf. Zumal es nur selten gelingt, mit Hilfe von Du-Botschaften zu differenzieren.

– aber …!

Die Ich-Botschaft würde in diesem Fall zwar denselben Sachverhalt ansprechen, wäre aber nicht identisch. Sie könnte folgende Formen haben:

„Ich habe mitbekommen, wie ihr euch … und … genannt habt. Damit bin ich nicht einverstanden. Ich will euch nicht zu Musterkindern erziehen, aber ich möchte, dass ihr zumindest in der Schule gegenseitige Beschimpfungen vermeidet."

Oder:

„Mich stört es, wenn ich immer wieder in meiner Klasse gegenseitige Beschimpfungen hören muss."

Oder:

„Ich bin nicht länger bereit, bestimmte Beschimpfungen in meiner Klasse zu dulden …"

Hier greifen Sie keinen direkt an, Sie verurteilen auch keinen persönlich, sondern Sie machen klar deutlich, dass Sie sich über die Umgangsformen in ihrer Klasse ärgern und diese ändern wollen. Sie ermöglichen so ein Gespräch, eine Lösung und rufen nicht die Abwehr hervor, die eine Du-Botschaft provozieren würde.

Ärgern wir uns beispielsweise über die als ruppig empfundene Sprache eines Schüler, so lautete die Du-Botschaft:

„Kannst du dich nicht vernünftig und höflich ausdrücken?"

Die Schuld liegt so beim anderen, der Konflikt kann beginnen. Eine Ich-Botschaft geht auf dieselbe Situation so ein:

„Ich möchte nicht auf diese Weise angesprochen werden."

Hier steht das eigene Empfinden im Vordergrund, die Schuldfrage bleibt offen. Dieses Beispiel zeigt, dass die beiden Kommunikationsformen den Konfliktmustern entsprechen: Wenn ich den anderen besiegen und mich nur durchsetzen will, bieten sich die Du-Botschaften an, will ich mit ihm einen Konflikt lösen, dann helfen Ich-Botschaften.

Ich-Botschaften sind kein Allheilmittel in Konflikten, sie geben aber dem Gegenüber die Möglichkeit zu reagieren, ohne sich angegriffen zu fühlen. Zugleich können sie dem Gegenüber klarmachen, welche Motive man hat, welche Gefühle usw., sodass er oder sie angemessen auf den Sprecher reagieren kann.

Dass Ich-Botschaften auch Ausdruck einer anderen Grundeinstellung sind, macht das folgende Beispiel aus dem Unterricht deutlich:

Eine Klasse ist unruhig. Der Lehrer versucht verzweifelt, eine angemessene Lernatmosphäre zu schaffen. Reagiert er mit Du-Botschaften, könnte er Folgendes sagen:

„Ihr spinnt doch wohl, was soll der Krach? So einen unkonzent-rierten, miesen Haufen habe ich ewig nicht unterrichten müssen."

Man kann sich gut vorstellen, dass die Klasse vielleicht eingeschüchtert reagiert, aber dass das Problem, weshalb die Klasse unruhig ist, weder besprochen noch gelöst werden kann. Vermutlich wird sich auch die Beziehung zwischen Klasse und Lehrer nicht besonders gut entwickeln.

Anders stellt sich dieselbe Situation dar, wenn der Lehrer mit einer Ich-Botschaft reagiert:

„Bitte, bei diesem Lärm kann ich nicht arbeiten. Ich werde sauer, wenn das so weitergeht."

Es ist zwar nicht sicher, dass die Klasse unbedingt positiv auf die Äuße-rungen des Lehrers eingeht und wirklich ruhig wird, wahrscheinlich ist jedoch, dass sie sich nicht angegriffen fühlen wird, wie es bei der Du-Botschaft anzunehmen ist.

Eine konsequente Fortsetzung der Haltung, die sich in der Ich-Botschaft ausdrückt, könnte darin liegen, dass nachgefragt wird, weshalb die Klasse so unruhig ist. Die Gefahr, die in diesem Vorgehen liegt, soll auch nicht verschwiegen werden: Es kann zu Dauerdiskussionen über Selbstver-ständlichkeiten kommen. Diese Diskussionen werden wiederum Anlass zu neuer Unruhe.

– aber ...!

Übungen:

a) Ein Schüler hat zum wiederholten Mal die Hausaufgaben nicht gemacht. Reagieren Sie zunächst mit Du-Botschaften, versuchen Sie anschließend mit Hilfe von Ich-Botschaften Ihr Missfallen deutlich zu formulieren. Reflektieren Sie die Unterschiede.

b) Zwei Schüler Ihrer Klasse haben sich geschlagen. Ihrer Meinung nach haben sich die beiden gegenseitig provoziert. Sie wollen, dass sich diese Prügelei auf keinen Fall wiederholt. Reagieren Sie zunächst nur mit Du-Botschaften, versuchen Sie anschließend mit Hilfe von Ich-Botschaften Ihr Missfallen so deutlich wie möglich zu formulieren. Reflektieren Sie, worin die Unterschiede liegen.

c) Sie bitten den Vater eines Schülers zu einem Gespräch, weil sein Sohn, ein Schüler der Klasse 5, einen Mitschüler in Ihrer Gegenwart ohne erkennbaren Anlass als *„Wichser, Schwuler, blöde Sau"* beschimpft hat. Der Vater wirft ihnen Pedanterie vor, denn solche Sprüche gehörten doch für Kinder zum Alltag. Sie sollten so etwas einfach ignorieren und die Kinder ihre Probleme selbst lösen lassen, statt sie zu bevormunden. Antworten Sie ihm zunächst mit Du-Botschaften, anschließend mit Ich-Botschaften. Reflektieren Sie die Unterschiede, besonders in Hinblick auf die weiteren Beziehungen.

d) Ein Schüler hat vor ihren Augen seine Schultasche entsorgt, so dass Apfelreste, Papierknäuel und Coladose in der Klasse auf dem Boden liegen. Sie fordern ihn auf, den Schmutz umgehend zu beseitigen. Der Schüler weigert sich mit Hinweis auf die Aufgaben der Putzfrauen und die sowieso starke Verschmutzung der Klasse, bei der das bisschen Dreck mehr oder weniger keine Rolle spielen würde. Antworten Sie zunächst mit Du-Botschaften, anschließend mit Ich-Botschaften. Reflektieren Sie die Unterschiede.

e) Sie geben eine Klassenarbeit zurück, die miserabel ausgefallen ist. Kommentieren Sie die kollektive Fehlleistung zunächst mit Du-Botschaften, anschließend mit Ich-Botschaften. Reflektieren Sie die Unterschiede, besonders in Hinblick auf die weiteren Beziehungen.

Lösungen:

Zu a) Die typischen Du-Botschaften zeigen dem Schüler seine Faulheit auf: *„Du bist einfach faul. Deine Arbeitshaltung ist grundmies. So wirst du es nie schaffen. Ich würde mich schämen, wenn ich wie du dauernd meine Pflichten vernachlässigte. So geht das mit dir nicht weiter …"*
Interessant ist hier, dass viele diese Haltung zunächst als direkt, undiplomatisch, jedoch als korrekt klassifizieren. Dabei ist ihnen nicht klar, dass sie Opfer ihrer Fantasien geworden sind.
Es ist ja keinesfalls sicher, wenn auch nicht unwahrscheinlich, dass der Schüler seine Hausaufgaben nicht erledigt hat, weil er faul ist. Vielleicht hat er den Stoff nicht verstanden, vielleicht hat er häusliche Probleme. Und jeder weiß, dass eine nicht zufrieden stellende Arbeitshaltung auch andere Gründe als Faulheit haben kann. Die schnelle Diagnose des Verhaltens ist also nicht offen und ehrlich, sondern einfach nur oberflächlich.
Aber angenommen, der Schüler ist wirklich faul. Hilft ihm die „Verurteilung" wirklich, seine Faulheit zu überwinden?
Die Ich-Botschaft kann hier sehr deutlich sein: *„Ich bin nicht mehr bereit hinzunehmen, dass du deine Hausaufgaben zum wiederholten Mal nicht hast. Ich werde das auch entsprechend bewerten … Ich will, dass du hier etwas lernst, und ich fühle mich auch verantwortlich dafür …"*

Zu b) *„Ihr spinnt doch wohl. Schläger wie ihr sind ja wohl das Letzte …"*, könnte eine passende Einleitung zur Du-Botschaft lauten.
„Ich bin richtig wütend auf euch. Wir hatten gemeinsam die Klassenregel aufgestellt, dass in unserer Klasse nicht geschlagen wird. Und ich werde nicht hinnehmen, dass diese Regel von euch gebrochen wird."

Zu c) *„Ihre Haltung ist ja wohl das Letzte. Wenn Sie alles verharmlosen, braucht man sich über das asoziale Verhalten Ihres Sohnes nicht zu wundern. Sie geben ja selbst ein schönes Beispiel …"*
„Ihre Haltung erschreckt mich. Ich bin keinesfalls damit einverstanden, dass gegenseitige Beschimpfungen in meiner Klasse

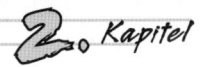

zum Alltag gehören. Ich möchte, dass sich meine Schüler gegenseitig respektieren und akzeptieren. Das drückt sich auch in einem entsprechenden Umgangston aus. Und der ist mir wichtig."

Zu d) „Hör mal, spinnst du denn nur noch? Du benimmst dich ja ekelhaft. Wie sieht's denn bei euch zu Hause im Wohnzimmer aus? Behandelst du deine Mutter auch so mies wie unsere Putzfrauen? Du magst ja noch so eine große Klappe haben, aber damit kommst du nicht weiter. Die kriegen wir hier klein, ganz klein, und wenn du nicht sofort deinen gesamten Müll aufhebst, dann ..."
„Als Lehrer fühle ich mich hier für die Ordnung in der Klasse mitverantwortlich. Ich bin nicht damit einverstanden, dass du den Raum bewusst verschmutzt und den Putzfrauen zusätzliche Arbeit machst. Kannst du verstehen, weshalb ich dein Verhalten nicht dulden will?"

Zu e) „Hier zeigt sich wieder einmal, was bei eurer miesen Arbeitshaltung herauskommt. Die Herrschaften sind entweder zu bequem, zu faul oder zu dumm. Ihr habt die freie Auswahl."
Die vermeintlich klare Du-Botschaft übersieht hier, dass ein Lernprozess ein Wechselspiel ist. Wenn eine Klasse schlechte Leistungen zeigt, ist das zunächst ein Beleg dafür, dass der geplante Lernprozess misslungen ist. Wer daran die Schuld trägt, ist zu klären. Es ist möglich, dass die Schüler allgemein eine schlechte Lernhaltung haben, es ist aber genauso möglich, dass der Unterricht selbst schlecht war.
Eine angemessenere Reaktion wäre dann: „Ich bin von den gezeigten Leistungen sehr enttäuscht und möchte mit euch klären, weshalb die Arbeit so schlecht ausgefallen ist ..."

▶ Ich-Botschaften als Mittel von Aggression und Erpressung

Inflationiert man Ich-Botschaften, äußert man also ständig seine Befind-lichkeiten, ruft das irgendwann nur noch Langeweile und Widerspruch hervor. Ein Lehrer, der ständig formuliert, dass er sich von der Lautstärke in seiner Klasse so gestört fühlt, dass er bei diesem Lärm nicht arbeiten könne, wirkt nicht mehr authentisch, sondern nur neurotisch.

Häufig sind bestimmte Formen von Ich-Botschaften nicht die scheinbar authentische Darstellung von Gefühlen, sondern gut getarnte **moralische Erpressungen**, etwa so: *„Wenn ihr weiter so laut seid, dann ist euer Lehrer aber ganz traurig."* Oder: *„Ich bin sehr unglücklich, wenn ihr eure Haus-aufgaben so flüchtig erledigt."* Diese Form der Erpressung mag bei sehr lieben und sehr kleinen Schülern erfolgreich sein, wer von ihnen möchte denn die Schuld auf sich nehmen, seinen Lehrer ins Unglück zu stürzen? Bei anderen Schülern rufen solche Appelle nur ein müdes Lächeln hervor. Dieses Ausbreiten von Scheingefühlen – Scheingefühle deshalb, weil wohl kein Lehrer wirklich traurig ist und tiefe Gefühle entwickelt, wenn ein Schüler stört – ist auch aus einem anderen Grunde problematisch: Es ist kein Zeichen von Nähe, Gefühlsreichtum oder Echtheit, wenn man mit den eigenen Befindlichkeiten hausieren geht, sondern mehr Ausdruck eines „verzopften" Innenlebens, das Sennet sogar als „unzivilisiert" be-schreibt. Andere Menschen haben ein Recht darauf, von dem Innenleben Dritter nicht behelligt zu werden. Aber nicht nur, dass die Darstellung wirklicher Gefühle, die durchaus einen Sinn machen kann, auf diese Weise in Misskredit gebracht wird, sondern dieses Äußern falscher Be-troffenheiten bringt die Schüler letztlich in die missliche Lage, sich für das Seelenleben ihrer Lehrer verantwortlich zu fühlen. Diese Überforderung kann auch eine feindselige Grundhaltung hervorrufen. Die Unsinnigkeit dieser moralisierenden Erpressung zeigt sich auch in den Handlungsmo-tiven der so angesprochenen Schüler: Sie sind keineswegs leise, weil es für sie einen Sinn macht, sondern deshalb, weil ihr Lehrer nicht betrübt werden will.

▶ Ungeeignete Ich-Botschaften

Ich-Botschaften, die verantwortungsvoll verwendet werden, machen einen
Sinn, um Konflikte und zwischenmenschliche Beziehungen zu klären.
Sie wirken jedoch meist deplaziert, wenn es um Sachfragen geht, in denen
mit großer Klarheit gefolgert werden kann, was richtig oder falsch ist.
Sie können sogar einen Arbeitsprozess unmöglich machen oder eine Verständigung erschweren. Wird man nach einer chemischen Formel gefragt
oder nach einer bestimmten Rechtschreibregel, wirkt es im günstigsten
Fall komisch, wenn man antwortet: *„Ich freue mich, dass Sie mich um Rat
fragen. Ich empfinde gerade diese Formel/Regel als besonders schön …"*
Auch ein Handwerker, der nach den Kosten für eine Reparatur befragt,
seine Freude über den Gewinn mit Ich-Botschaften vermitteln möchte,
dürfte das Befremden seines Auftraggebers erregen. Aber auch bei institu-
tionellen Regelungen können Ich-Botschaften disfunktional werden.
Pünktlichkeit in der Schule ist durch Regelungen festgelegt. Deshalb ist
es problematisch, Verspätungen nur mit Ich-Botschaften zu begegnen.
„Ich fühle mich gestört, wenn du immer wieder zu spät kommst." In so einem Fall wird alles lediglich durch die Brille der persönlichen Betroffenheit
gesehen. Der Konflikt mir der Schulordnung wird wie in der Alchemie
durch das Ich in einen Beziehungskonflikt verwandelt – ein fauler Zauber.
Es macht Sinn, Schülern, und nicht nur denen, die Verbindlichkeit von
Regeln und Institutionen vor Augen zu führen. Lehrer, die sich ausschließlich auf das Aussenden von Ich-Botschaften beschränken, signalisieren
fälschlich, dass Schule lediglich von zwischenmenschlichen Befindlichkeiten bestimmt wird.

Fazit ▶▶▶▶▶▶▶▶

Ich-Botschaften sind in erster Linie Ausdruck einer Haltung. Sie sind kein
sprachlicher Trick. Wenn sie authentisch und situativ angemessen verwendet werden, helfen sie, Konflikte zu lösen. Ich-Botschaften sind also kein
Universalmittel. Sie eignen sich zur Lösung von Konflikten, wenn sie auch
keine Garantie für eine erfolgreiche Konfliktlösung sind, denn jede Konfliktlösung hängt immer auch vom Gegenüber ab. Sie können auch miss-
braucht werden, wenn sie die eigene Befindlichkeit zum Maßstab für das
Verhalten anderer erheben und so **psychischen Dauerdruck** ausüben.

Empathie

▶ Empathie – eine Fähigkeit und eine Haltung

Empathie ist eine für zwischenmenschliches Handeln und Verhalten notwendige Voraussetzung. Sie beinhaltet die Fähigkeit, sich in die Person unseres Gegenübers zu versetzen, seine Motive, seine Gefühle und seine Bedürfnisse nachempfinden zu können. Es geht also bei empathischem Verhalten darum, den anderen zu verstehen, nicht ihn zu bewerten. Das Verstehen ist nicht vordergründig rationalisierend zu begreifen, sondern ist verknüpft mit dem Willen und der Fähigkeit, sich in den anderen einzufühlen, sein Wertesystem, seine Weltsicht, seine Motive, Handlungen und die Bedürfnisse und Werte, die die jeweiligen Handlungen bestimmen, zu begreifen, zu erkennen und nachzuempfinden.

Empathisches Verhalten geht dann von der Frage aus: Wie würde ich mich fühlen, wie würde ich empfinden, wenn ich die Rolle des Gegenübers innehätte, wenn ich von seinen Fähigkeiten und Bedürfnissen aus agierte, wenn ich seine Gefühle, Wünsche und Möglichkeiten hätte?

So stellt sich Empathie als ein Prozess dar, in dessen Verlauf der andere mehr und mehr verstanden wird. Begreift man Empathie so, erfüllt sie ein menschliches Grundbedürfnis, das nach Zuwendung.

▶ Empathie heißt nicht Billigung

Zuwendung, so ist hier zu präzisieren, heißt, die Person des anderen zu akzeptieren, sie bedeutet jedoch nicht, dass das jeweilige Verhalten des Gegenübers gebilligt werden muss. Empathie bedeutet auch nicht, dass man – um ein Beispiel zu nennen – erst einmal zusehen soll, wenn jemand geschlagen wird, um dann nachzufragen, welche Gefühle und Bedürfnisse der Angreifer wohl gehabt haben mag. Man handelt vernünftig und nicht gegen empathisches Verhalten gerichtet, wenn man beispielsweise spontan eine Gewalthandlung unterbindet.

Wenn ein Schüler seinen Lehrer belügt, bestünde ein empathisches Verhalten des Lehrers nicht darin, das Lügen zu akzeptieren,

LÜGE!!

– aber ...!

sondern darin herauszufinden, welche Motive, Ängste oder Bedürfnisse den Schüler zu diesem Verhalten bewogen haben könnten. Allerdings wird der Prozess, Empathie zu geben und zu zeigen, verhindert, wenn der Lehrer sofort seine Missbilligung zeigt und den Schüler durch entsprechende Äußerungen abwertet. Der Schüler wird dann vielleicht Reue vortäuschen oder sein Verhalten wortreich erklären und entschuldigen. Seine wirklichen Motive wird der, der sich angegriffen und abgelehnt fühlt, nicht offenbaren. Das Gespräch wird vordergründig bleiben. Wenn dem Gegenüber Empathie gegeben wird, zeigt man ihm, dass der Wunsch besteht, ihn zu begreifen, dass Interesse an seiner Person besteht. Allerdings sollte nicht darüber hinweggetäuscht werden, dass empathisches Verhalten grundsätzlich Sanktionen oder ein Eingreifen nicht ausschließt. Empathie kann eine Möglichkeit darstellen, eine kritische Situation zu entschärfen. Jeder Mensch, so wird hier angenommen, hat das Grundbedürfnis, verstanden und angenommen zu werden, und er wehrt sich, wenn er beurteilt, zurückgewiesen, eingeschränkt oder getadelt wird.

Ebenfalls wird angenommen, dass das jeweilige Verhalten eines Menschen nicht identisch ist mit dem Bedürfnis, das ihn zum Handeln veranlasst. Veranschaulichen lässt sich dies am Beispiel des Klassenclowns. Nur in den seltensten Fällen veranlasst ihn ein Bedürfnis nach Humor zu seinen merkwürdigen Späßen. In der Regel geht es ihm um die Anerkennung seiner Mitschüler. Dieses **Bedürfnis** versucht er mit dem **Mittel** nicht endender Albernheiten zu befriedigen. Zieht sich dieses Verhalten über einen längeren Zeitraum hin, kann eine **Fixierung** entstehen.

In unserem Beispiel sieht der Klassenclown in den Albernheiten das einzige Mittel, Anerkennung zu erlangen. Ratschläge, die von dem milden Tadel begleitet sind, wie lächerlich er sich doch als Clown mache und wie störend doch sein Verhalten sei, und die mit der Aufforderung schließen, doch ein anderes Verhalten anzunehmen, wird er als Angriff auf seine Person oder seine Bedürfnisse mehr oder minder offen ablehnen. Er sieht sich in diesem Fall bewertet und abgelehnt.

▶ Empathisches Vorgehen

Schritt

Die Überschrift mag schon in die Irre leiten. Natürlich gibt es bei kommu-
nikativem Umgang mit dem anderen keine Mechanik. Wenn mein Gegenüber das Gefühl hat, dass ich mich schematisch an einem System orientiere
und nicht nach ihm, wird das Gespräch scheitern. Auch gestelzte, un-
natürliche Formulierungen, die stereotyp wiederholt werden, verhindern,
dass sich der andere empathisch angenommen fühlt. (In der gewaltfreien
Kommunikation nach M.B. Rosenberg, die auf dem Gedanken der
Empathie basiert, finden wir beispielsweise viele solche Gesprächsmuster; M.B. Rosenberg, Gewaltfreie Kommunikation, Paderborn 2004.)
Empathisches Verhalten versucht zunächst jede Bewertung des Gegenübers zu vermeiden. Ziel ist es, die Bedürfnisse des anderen zu erfahren.
Der andere verliert mir gegenüber seine Ängste und baut seine Widerstände ab, wenn es mir gelingt, seine Bedürfnisse wahrzunehmen, auf
sie einzugehen oder sie gar anzuerkennen. Empathie geben bedeutet ja,
sich in den anderen einzufühlen, ihm deutlich zu machen, dass man
bereit ist, seine Bedürfnisse zu akzeptieren.
Statt also dem Klassenclown zu signalisieren, dass sein Verhalten für ihn
und die Klasse von Übel ist, könnte empathisches Verhalten darin bestehen, ihm zunächst die Angst vor Zurechtweisungen und Tadel zu nehmen
und mit ihm Klarheit über das Gesprächsziel herzustellen, dass man ihn
zunächst nur verstehen möchte. Gerade bei Konflikten bietet sich also
an, dem anderen zunächst **Sicherheit und Klarheit** zu vermitteln.
Worum geht es? Was will ich?

Schritt

Allerdings trifft empathisches Konfliktlösen in der Schule auf verschiedene Problemfelder. Sie wurden in Rollenspielen deutlich, die folgende
Situation zur Grundlage hatten:
Der Klassenlehrer bittet einen Schüler aus der 9. Klasse, Kevin, zu einem
Gespräch. Er ist dabei entdeckt worden, wie er einem Mitschüler, Johannes, 20 Euro gestohlen hat. Dafür gibt es mehrere Zeugen. Der Schüler hat den Diebstahl nicht abgestritten.

– aber …!

Die Vorgabe, sich hier in der Lehrerrolle empathisch zu verhalten, führte wiederholt zu falschen Vorstellungen beim Schüler, dass nach dem Gespräch, in dem man sehr offen miteinander umging, wieder alles in Ordnung sei. Eine Sanktion, die ein Diebstahl ja nach sich ziehen sollte, wurde nach dem guten Gespräch, in dem sich der Lehrer ja so verständnisvoll zeigte, nicht mehr erwartet.

Empathisches Vorgehen kann also die Vorstellung hervorrufen, dass das Gespräch selbst die Lösung für alles ist und keine Sanktionen mehr stattfinden. Der Schüler wird den Lehrer, der ihn später dennoch sanktioniert, als jemanden empfinden, der sich Vertrauen erheuchelt. Um hier Missverständnissen vorzubeugen, sollte die Möglichkeit der Sanktion vor dem Gespräch geklärt werden. In unserem Beispiel könnte das so aussehen: *„Kevin, ich möchte mich gerne mit dir unterhalten. Ich will wissen, was eigentlich mit dir los ist. Übrigens: Damit eins klar ist: Unser Gespräch ist eine Sache, wie wir später mit dem Diebstahl umgehen, eine andere …"*

Die Rollenspiele, in denen wir die Situation nachvollzogen, machten ein zweites Problem deutlich: Kevin merkte sehr schnell, dass der Lehrer sich in erster Linie um Verstehen bemühte, und das veranlasste ihn gerade in der für ihn sehr kritischen Situation sein **Vorgehen zu verharmlosen**, herunterzuspielen **oder gar grob zu lügen**: *„Ich weiß nicht, auf einmal war das Geld in meiner Tasche und dann haben mich alle angegriffen. Ich stand ganz allein …"* – *„Der Johannes hat doch so viel Geld, der merkt das doch gar nicht. Und ich hatte solchen Hunger. Außerdem hätte ich ihm das Geld doch wiedergeben."* – *„ So richtig gestohlen habe ich nicht … Das Geld lag doch da so rum."*

Um besonders in kritischen Situationen Lügen, Verharmlosungen und Täuschungen entgegenzuarbeiten, macht es einen Sinn, in einem zweiten Schritt **Fakten und/oder Beobachtungen zu klären**. Also: *„Kevin, mehrere Mitschüler haben dich dabei beobachtet, wie du aus der Jacke von Johannes in der Umkleidekabine 20 Euro genommen hast. So weit ich weiß, hast du das auch zugegeben. Stimmt das so?"*

Hier ist es wichtig, Beobachtungen statt Wertungen zu nennen. Begänne das Gespräch mit der Feststellung: *„Also, du bist erwiesenermaßen ein Dieb, Kevin. Oder willst du das abstreiten?"*, würde sich Kevin verteidigen oder verschließen. Man könnte ihn dann sicher verurteilen, aber nicht klären, was zu seinem Verhalten geführt hat. Auch bei harmloseren

Konflikten macht die Trennung von Beobachtung und Bewertung einen Sinn. Sagt man zu einem Schüler: *„Bernd, du quatscht und störst ständig."*, wird er murmeln: *„Nein, nicht immer, meistens passe ich auf."* Konkreter und hilfreicher wäre es zu sagen: *„Bernd, ich habe mitbekommen, wie du deinen Nachbarn angestoßen, seine Federmappe vom Tisch gewischt und dann noch eine Diskussion mit ihm angefangen hast."*

Schritt

Hat man den Eindruck gewonnen, dass der andere bereit ist zu kommunizieren und Klarheit über das Gesprächsziel hergestellt hat, so kann es hilfreich sein, die Gefühlsebene anzusprechen. Das ist, auch wenn ich mich hier wiederhole, kein Patentrezept, kann aber bestimmte Verhaltensmuster aufbrechen. Auch bieten Gefühle, die offen formuliert werden, die Möglichkeit, die Bedürfnisse des anderen kennen zu lernen, denn Gefühle und Bedürfnisse sind eng miteinander verknüpft. Nur sollte man sich vor der Standardformulierung: *„Wie hast du dich dabei gefühlt?"* hüten. Mehr Sinn macht es, die Gefühle genauer anzusprechen: *„Hattest du dabei Angst?"* – *„War es dir peinlich, als …"* – *„Und du wurdest wütend, als …"*

Dabei ist es wichtig, dem anderen nicht die Verantwortung für sein Handeln zu nehmen, wie das folgende Beispiel zeigt: *„Bist du ärgerlich, weil ich gelacht habe, als du den Fehler gemacht hast?"* Bei dieser und ähnlichen Formulierungen sieht sich der Angesprochene durch die Frage selbst schon entlastet. Nicht er ist für seinen Ärger verantwortlich, sondern der, der ihn fragt. Die Antwort liegt auf der Hand: *„Ja!"* Das Gespräch kann nur noch in einer Rechtfertigung oder Entschuldigung enden. Auch sollte man sich gerade hier Zeit nehmen. Wer sich gedrängt sieht, wird kaum seine Gefühle vermitteln wollen. Auch ist zu respektieren, wenn der andere nicht über seine Gefühle reden will oder kann. Es ist sein gutes Recht, sich hier zurückzuhalten.

Schritt

Die Gefühle eines Menschen können eine Brücke zu seinen Bedürfnissen sein. Der Klassenclown, der seine zwiespältigen Gefühle beschreibt, die auftreten, wenn seine Mitschüler ihn auslachen, wird so erkennen können, dass sein Verhalten an ein bestimmtes Bedürfnis geknüpft ist, nämlich daran, Zuwendung und Anerkennung zu gewinnen. Es ist möglich, dass hier beim Gegenüber sogar ein Erkenntnisprozess in Gang gesetzt wird. Sehr oft sind wir uns nicht darüber bewusst, dass die meisten unserer Handlungen eng mit Bedürfnissen verknüpft sind, ja, dass wir oft nur handeln, um bestimmte Bedürfnisse zu erfüllen. Der Klassenclown, so kann ich von einigen Gesprächen folgern, ist sich oft nicht bewusst, dass er aus dem Wunsch nach Anerkennung und Beachtung heraus handelt. Oft haben sich die Albernheiten verselbstständigt. Er wiederholt sie, weil er sie habitualisiert hat.

Somit zeigt sich auch, dass die Bedürfnisse, die einer Handlung zugrunde liegen, nicht immer unmittelbar zugänglich sind. Ist es bei einem Klassenclown wahrscheinlich, dass hinter seinem Verhalten die Erfahrung steckt, dass er mit diesem Verhalten zumindest teilweise die Anerkennung gewinnt, die ihm wichtig ist, so liegen die Bedürfnisse von jemandem, der gestohlen oder geschlagen hat, nicht klar auf der Hand. Manchmal helfen hier Mutmaßungen (*„Und du hast ihn geschlagen, weil du respektiert werden willst?"*) oder auch die Frage nach dem, was für den anderen wichtig ist (*„Was war denn für dich in dieser Situation besonders wichtig?"*).

Schritt

Wenn geklärt worden ist, welche Bedürfnisse einer Handlung zugrunde liegen, kann man, wenn die Handlung negative Folgen hat, mit dem anderen reflektieren, ob die Ziele nicht auf anderem Weg erreicht werden können. Hat unser Klassenclown beispielsweise realisiert, dass ihm eigentlich in erster Linie an der Anerkennung seiner Mitschüler gelegen ist, er sie aber durch seine Albernheiten nur teilweise bekommt, sich auch Verachtung einhandelt und zugleich seinen Stand gegenüber den Lehrern erschwert, kann man ihn zu der Überlegung ermutigen, welche anderen Verhaltensweisen ihm die gewünschte Zuwendung einbringen könnten und wie es ihm gelingen könnte, aus seiner Rolle auszubrechen.

Fazit ▶▶▶▶▶▶▶▶

Empathisches Vorgehen könnte also in dieser **Schrittfolge** durchgeführt werden:

- ⇥ Klarheit und Sicherheit vermitteln, indem die Ziele und Bedingungen des Gesprächs geklärt werden.
- ⇥ Den Sachverhalt durch Beobachtungen und Beschreibungen klären und dabei möglichst auf Wertungen verzichten.
- ⇥ Gefühle ansprechen.
- ⇥ Bedürfnisse klären, die Basis der Handlung sind.
- ⇥ Reflektieren, welche Alternativen möglich sind, um dieselben Bedürfnisse zu befriedigen.

Man muss kein Held sein ...

Kommunikation

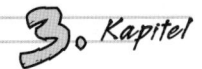

Trennung von Verhalten und Person

Die Trennung von Verhalten und Person bedeutet, wie zuvor schon angedacht wurde, dass sich Reaktionen und Bewertungen auf das Verhalten konzentrieren, das eine Person gezeigt hat, sie konzentrieren sich weniger auf die Person selbst. Hat also ein Schüler seine Hausaufgaben nicht erledigt, erfolgt nicht die Attribuierung, dass er faul sei oder andere, kritisierenswerte Persönlichkeitsmerkmale zeige, sondern der Lehrer konzentriert sich auf das Fehlverhalten selbst. Das hat zunächst den Vorteil, dass Fehler vermieden werden. Denn die schnellen Diagnosen sind oft falsch. Wer schlechte Leistungen mit festen Charakterzügen oder Persönlichkeitsmerkmalen wie dumm und faul erklärt, verbaut sich den Blick auf eine differenzierte Diagnose und wird außerstande sein, das Kind entsprechend zu fördern. Wer das Lern- und Arbeitsverhalten dagegen genau anschaut, wird unter Umständen ein angemessenes Förderkonzept entwickeln können. Deshalb sollten sich Wahrnehmungen und auch die Kritik auf das beobachtbare Verhalten konzentrieren. Auch für den Adressaten wird die Kritik dann nachvollziehbar und pragmatisch. Es ist eher möglich, ein bestimmtes Verhalten zu ändern als Charakterzüge. Außerdem wird sich der Kritisierte selbst anders verhalten: Hört er die Diagnose, er sei dumm und faul, wird er sie achselzuckend hinnehmen oder wütend über die in seinen Augen ungerechte Bewertung werden: *„Der kann mich mal ..."*

Schwieriger wird diese Trennung bei Fehlverhalten, dass in uns Empörung auslöst. Aber auch hier macht die Trennung zwischen Verhalten und Person einen Sinn. Während einer Klassenfahrt einer 7. Realschulklasse hatten sich abends im Zimmer drei Schüler einen Neuen, der jedem von den dreien körperlich deutlich unterlegen war, vorgenommen. Zwei hatten ihn auf den Boden gedrückt, der dritte hatte sich mit entblößtem Gesäß auf das Gesicht des Wehrlosen gesetzt. Anschließend zogen sie den Jungen aus, machten sich über die Größe seines Geschlechtsteils lustig, fügten ihm dort Schmerzen zu und schüchterten ihn mit Drohungen ein, ja nicht das Stillschweigen zu brechen. Die Sache kam erst über einen Mitschüler heraus. Das Gespräch mit den Dreien, das einer Klassenkonferenz vorausging, sollte den Tathergang und die Einstellung der drei Schüler klären. *„Was ihr da gemacht habt, finde ich mies"*, begann der Klassenlehrer. *„Und ich verstehe nicht, wie ihr so was machen konntet.*

Das begreife ich nicht. Und damit eines klar ist: Euch selbst halte ich nicht für mies." Die Gesprächsstrategie hatte Erfolg. Die Jungen stritten nichts ab, verharmlosten auch nichts mehr. In der Klassenkonferenz erhielten sie einen Verweis.

Die Trennung von Verhalten und Person macht aber nicht nur in diesem Beispiel einen Sinn. Denn jeder von uns hat schon mal etwas getan, für das er sich schämt, und keiner von uns möchte mit dem Verhalten identifiziert werden. Wer jemanden verleumdet hat, würde sich dagegen wehren, als Verleumder tituliert zu werden. Diese Trennung von Verhalten und Person hilft auch dem Bewertenden selbst: Er gewinnt an Handlungsfreiheit und wird nicht Opfer frühzeitiger Festlegungen. Wer jemanden als böse, faul, schlecht, gemein, hinterhältig usw. klassifiziert, verhält sich auch entsprechend. Zudem verhindern diese Bewertungen sinnvolles pädagogisches Arbeiten. Wer, wie es leider geschieht, einem Schüler nach einer schlechten Arbeit mitteilt, dass er dumm und faul sei, nimmt sich selbst den Handlungsraum. Einem Dummen ist nicht zu helfen. Und wer die Wesenszüge der Faulheit in sich trägt, ist nicht zu motivieren. Das eigene Verhalten setzt dann wieder einen Teufelskreis in Bewegung: Der Dumme wird als dumm behandelt und wahrgenommen. Er wird sich oft genug das Urteil des Lehrers zu Eigen machen: *„Dann bin ich eben dumm.",* und resignieren. Deshalb ist diese Trennung nicht akademisch. Gelingt sie, wird der Blick auf das feststellbare Verhalten fokussiert und nicht auf Fantasien über den Charakter.

Das 4-Ohren-Modell nach Schulz von Thun

Die folgende Darstellung geht zunächst von einem bekannten Modell, dem Nachrichtenquadrat des Schulz von Thun aus, das anschließend auf Kommunikation im Klassenraum erweitert wird und dazu dienen soll, Kommunikationsprozesse in der Gruppe zu erklären. Es soll auch darauf hingewiesen werden, wie Lehrer Mobbing in der Klasse unbewusst initiieren können.

Ein Beispiel aus dem Schulalltag kann das verdeutlichen. Es stammt von Schülern. Am Ende einer Mathematikstunde in der 10. Klasse, der letzten vor einer Arbeit, fragte der Lehrer süffisant eine Schülerin, die in diesem Fach mit erheblichen Schwierigkeiten zu kämpfen hatte: „*Petra, du Dummchen, hast du es denn diesmal verstanden?*" Dieser Spruch soll zunächst mit Hilfe des Nachrichtenquadrats nach Schulz von Thun erläutert werden.

Die vier Seiten einer Botschaft nach Schulz von Thun:

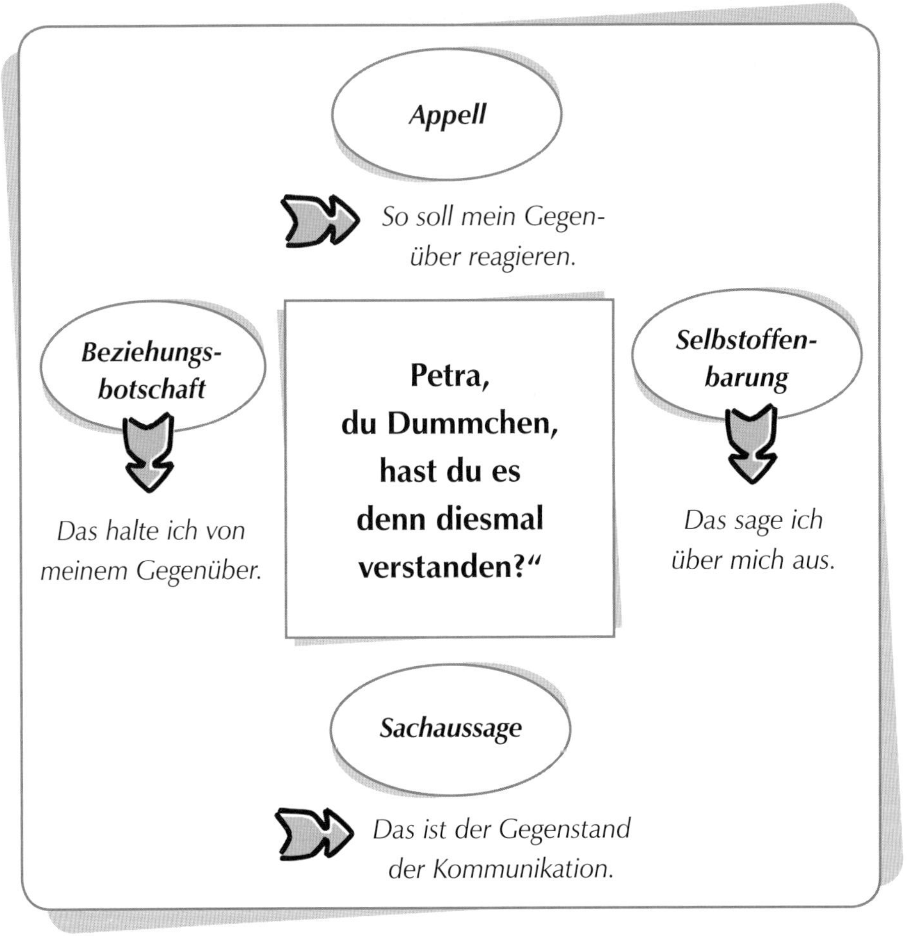

Appell

So soll mein Gegenüber reagieren.

Beziehungsbotschaft

Petra, du Dummchen, hast du es denn diesmal verstanden?"

Selbstoffenbarung

Das halte ich von meinem Gegenüber.

Das sage ich über mich aus.

Sachaussage

Das ist der Gegenstand der Kommunikation.

(nach: Schulz von Thun, Miteinander Reden, Bd. 1, Reinbek 1981)

Der Begriff „Quadrat" veranschaulicht, dass jede Nachricht, jede Mitteilung, die wir an andere geben oder von ihnen bekommen, vier unterschiedliche Seiten hat:

Die Sachaussage:

Sie sagt aus, worum es inhaltlich geht. Bei dem Beispiel möchte der Lehrer scheinbar wissen, ob der Stoff von einer bestimmten Schülerin verstanden worden ist. Allerdings kann es sich hier auch um eine rhetorische Frage handeln. Der Sachinhalt wäre dann, dass der Lehrer davon ausgeht, dass Petra Schwächen in Mathematik zeigt, und er demonstrieren will, dass ihm dieses nicht entgangen ist.

Die Selbstoffenbarung:

Hier zeigt der Sprechende bewusst oder unbewusst die eigene Persönlichkeit. Hier offenbart sich auch unfreiwillig eine Person, die Gefallen daran findet, eine Schülerin bloßzustellen und ihre Macht über sie auszudrücken. Erkennbar ist wohl auch, dass dieser Lehrer nur sehr geringe pädagogische Qualitäten aufzuweisen hat. Auch muss es um sein Selbstbewusstsein schlecht bestellt sein, wenn er es als nötig erachtet, Missachtung und Einschüchterung als pädagogische Mittel einzusetzen.

Die Beziehungsbotschaft:

Mit ihr drückt der Sprechende aus, wie er die Beziehung zu dem Angesprochenen sieht. In unserem Beispiel drückt der Lehrer gegenüber der Schülerin aus, dass er ihre Fähigkeiten gering schätzt. Es ist auch zu erkennen, dass zwischen beiden ein Machtgefälle besteht, das dem Sprecher bewusst ist. So würde sich der Sprecher nie gegenüber einem Vorgesetzten ausdrücken, selbst wenn er ihn persönlich noch so sehr verachtete.

Der Appell:

Mit diesem Begriff wird zusammengefasst, was der Sprechende bei dem oder der Hörenden erreichen will. Hier könnte man zunächst vermuten, dass der Lehrer eine Antwort auf seine Frage erwartet oder gar die Schülerin motivieren möchte, fleißiger oder intensiver mitzuarbeiten. Wahrscheinlicher ist wohl, dass er eine Unterwerfungsgeste wünscht. Denn antwortete Petra hier mit „ja", dann würde der Lehrer vermutlich sofort überprüfen, ob das denn seine Richtigkeit habe.

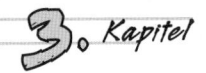

Das 100-Ohren-Modell

Der Satz: *„Petra, du Dummchen, hast du es denn diesmal verstanden?"*, wird aber nicht nur von Petra, sondern von der ganzen Klasse wahrgenommen. Und damit ändert sich die Situation. Es ist eben nicht mehr ein Gespräch zwischen acht Ohren, nehmen wir hier den Gedanken Schulz von Thuns auf, dass jede Seite der Nachricht auf ein entsprechendes Ohr trifft, sondern es entsteht, um in der Metapher zu bleiben, eine 100-Ohren-Kommunikation. Das weiß Petra, die vor der Klasse anders reagieren wird, als wenn sie alleine mit dem Lehrer spräche. Sie weiß ja, dass das, was ihr gesagt wird, auch von anderen gehört wird, und sie weiß, dass die anderen Schüler beobachten, wie sie auf die Demütigung reagieren wird. Das setzt sie unter Zwang, denn durch eine „falsche Reaktion" kann sie die Akzeptanz der Gruppe verlieren.

Auch für den Lehrer ändert sich die Situation: Ob gewollt oder ungewollt, der Lehrer richtet auch einen Appell an die Klasse, er gibt auch ihr eine Beziehungsbotschaft und er offenbart sich auch vor der ganzen Klasse selbst. Auch er weiß, dass sein Gespräch mit Petra beobachtet wird. Auch er steht damit unter Zwang. Fiele Petra beispielsweise eine witzige Antwort ein oder reagierte sie vielleicht ironisch, etwa indem sie die Augen rollte und übertrieben traurig antwortete: *„Sie wissen doch, lieber Herr Lehrer, ich verstehe nie etwas in Ihrem Unterricht!"*, könnte er leicht Autorität einbüßen. Jeder, der in einer Gruppe agiert, kennt zumindest instinktiv diese doppelte Konstellation. Appell und Beziehungsbotschaft richten sich zugleich an den direkt Angesprochenen und an die gesamte Gruppe. In diesem Fall ist nicht nur Petra, sondern die ganze Klasse Ohrenzeuge dieses Angriffes. Auch die Selbstoffenbarung erweitert sich. Jemand, der die gesamte Gruppe angreift, zeigt auch zumindest in Teilen ein anderes Selbst.

Der Klasse teilt der Lehrer in seiner **Beziehungsbotschaft** mit, dass er sie als Zeugen seines Angriffs auf Petra so wenig achtet, dass er auf die gezielte Demütigung nicht verzichten muss, dass er keine Angst hat vor Widerständen oder Kritik, dass ihm die Reaktion der Klasse gleichgültig ist oder dass er zumindest davon ausgeht, dass er so mit einzelnen Schülern reden kann, ohne die Achtung oder den Respekt der ganzen Gruppe zu verlieren oder dass ihm die Achtung der Gruppe sogar gleichgültig ist.

Ohne es vermutlich klar auf einen Begriff bringen zu können, weiß die Klasse in ihrer Mehrheit, dass sich der Lehrer anders verhielte, wenn beispielsweise Eltern oder die Schulleitung anwesend wären. Dann wären ihm solche Bloßstellungen peinlich, weil Personen, die ihm wichtig sind, seine pädagogischen Fähigkeiten gering einschätzen könnten, ihn eventuell zurechtweisen würden. Ein Schüler charakterisierte die Situation aus seiner Sicht so: *„So würde der nie mit uns reden, wenn der Chef* (gemeint ist der Schulleiter) *oder Eltern in der Nähe wären. Dann würde er alles tun, um den guten Pädagogen raushängen zu lassen, aber uns gegenüber ist dem schon alles egal."*

Ähnlich verhält es sich ja auch mit Wut- ausbrüchen vor der Klasse. Sie zeigen nicht nur den Zorn des Sprechers, sondern auch die Missachtung der ganzen Gruppe. Der Kollege, der vor Schülern schreiend und gestikulie- rend seine Wut auslebt, würde dies bei ähnlichem Anlass im Lehrerzim- mer nicht tun. Diese Missachtung hat ihre Grundlage in der Ungleich- heit, die Klassensituationen ausma- chen. In der Regel hat der Lehrer eben nicht nur mehr Macht, wie sie sich in der Benotung und dem Recht, Sanktionen zu verhängen, ausdrückt, son- dern auch ein Mehr an Wissen und Erfahrung sowie eine gefestig- tere, selbstbewusstere Persönlichkeit. Also demonstriert der Lehrer, der

seine Schülerin vor der Klasse bloßstellt, gleichzeitig seine Macht. So vermittelt er auch der Klasse: *„So wie ich Petra bloßstelle, kann ich jeden von euch blamieren. Also, seid vorsichtig."* Die Ungleichheit und das Wissen um die eigene Unterlegenheit schaffen wiederum in der Klasse ganz eigene Dispositionen: Noch so unterschiedliche Kinder können plötzlich Gemeinsamkeiten erkennen, zur Not auch den gemeinsamen Feind.

– aber ...!

Die **Selbstoffenbarung**, die der ganzen Gruppe gegeben wird, besteht auch darin, dass diesem Lehrer Klassenklima und Gruppenbeziehungen gleichgültig sein dürften, dass es ihm egal ist, ob er durch seine Demütigung jemanden zum Außenseiter macht oder nicht, dass er für sich das Recht in Anspruch nimmt, Einzelne bloßzustellen oder zu demütigen, dass er es nicht für nötig hält, seine eigenen Aggressionen zu zügeln.

Der **Appell** an die Gruppe ist doppelbödig. Einmal lautet er aggressiv: *„Seid vorsichtig, ich kann jeden von euch fertig machen! – Und deshalb unterwerft euch meiner Aggressivität!"* Und dieser Appell an die Klasse besteht, gleichgültig, ob er intendiert ist oder nicht. Dazu erfolgt die Aufforderung: *„Ihr sollt über Petra lachen. Ich kann sie demütigen, ihr dürft das auch. Denn wenn ihr Petra angreift, kann ich nicht eingreifen. Ich mache es ja selbst."*

Bestehen bleibt auch, dass Petra weiß, dass ihre Reaktionen ebenfalls von der ganzen Klasse wahrgenommen und beurteilt werden. Senkt sie stumm den Kopf, wissen alle: Sie hat klein beigegeben, sie lässt sich fertig machen. Wehrt sie sich mit einer patzigen Antwort, so wird sie vermutlich in der Achtung der meisten Mitschüler steigen. Petra wird also abwägen müssen, was ihr wichtiger ist: Die Achtung der Peer-Gruppe oder die Gnade des Lehrers.

Damit hat fast jeder öffentlich vor der Klasse ausgetragene Konflikt einen **Doppelcharakter**. Der Lehrer setzt sich immer auch mit der Gesamtgruppe auseinander, zeigt ihr Achtung oder Geringschätzung. Der einzelne Schüler wird einmal darauf achten, dass er mit dem Lehrer ins Reine kommt. Seine niedrige Position in der Schulhierarchie ist ihm durchaus bewusst. Er wird sich in der Regel aber keineswegs so verhalten, dass er die Achtung seiner Peer-Gruppe verliert, auch bei berechtigter Kritik nicht. Wo er in einem Dialog, den er mit dem Lehrer alleine führt, einlenken würde, wehrt er sich in der Öffentlichkeit oder zeigt sich karikierend bußfertig, nicht selten bestätigt von den Reaktionen der Mitschüler. Oder er leidet demonstrativ, um so Trost und Zuwendung der Klasse zu gewinnen. Das folgende Schema macht den Doppelbezug noch einmal deutlich:

1) Lehrer

„Petra, du Dummchen, hast du
es denn diesmal verstanden?"

Appell

An Petra:

Pass auf, unterwirf dich,
lass dich demütigen.

An die anderen Schüler:

Lacht Petra aus. Hütet euch,
meinen Unwillen zu erregen.

2) Lehrer

„Petra, du Dummchen, hast du
es denn diesmal verstanden?"

Beziehungs-
aussage

An Petra:

Ich halte dich für dumm.
Ich bin dir überlegen, habe Macht
über dich. Ob ich dich verletze
oder blamiere, ist mir egal.

An die anderen Schüler:

Ich gehe davon aus, dass ihr
Demütigungen lustig findet,
so wenig achte ich euch. Soziale
Regeln gelten nicht für mich.

Stellen wir uns nur knapp eine Fortsetzung des Dialoges vor: Petra ist sich implizit darüber klar, dass ihre Antwort ebenfalls von 100 Ohren gehört wird. Sie wird wissen, dass der Lehrer von ihr eine Unterwerfungsgeste erwartet. Die kann bei der Klasse aber schlecht ankommen, denn sie signalisiert ihren Mitschülern damit, dass sie sich bei Attacken nicht wehrt. Der durch stummes Kopfsenken an den Lehrer gerichtete Appell lautet dann: „Bitte, greifen Sie mich nicht weiter an." Der gleiche Appell an die Klasse lautete: „Lacht nicht, habt Mitleid."

– aber ...!

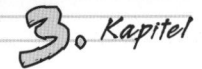

Lehrer und Klasse würden als Selbstoffenbarung Schwäche, Hilflosigkeit und Angst erkennen. Ist Petra aber die Akzeptanz der Klasse wichtiger als die Gnade des Lehrers, muss sie anders reagieren. Ideal wäre in diesem Fall eine Antwort, die sie nicht weiteren Angriffen durch den Lehrer aussetzt und zugleich der Klasse signalisiert: *„Ich lass mich nicht unterkriegen."* Gelingt es Petra nicht spontan, dies umzusetzen, wird sie – immer vorausgesetzt, sie will die Akzeptanz durch die Klasse wahren – aggressiv zu kontern versuchen. *„Wenn Sie erklären, versteht doch keiner etwas."* Auch in diesem Falle würde die öffentliche Situation den Lehrer zwingen, aggressiv auf Petra einzugehen. Der Konflikt verschärft sich. Die Beteiligten agieren unter dem Zwang, nicht das Gesicht zu verlieren.

Fazit ▶▶▶▶▶▶▶▶

Dieses Modell veranschaulicht auch, wie Lehrer durch einen rüden Umgangston, durch aggressives Verhalten, durch Lächerlichmachen und Bloßstellen aggressives Verhalten oder Mobbing in ihren Klassen hervorrufen können. Denn Methoden des Mobbings werden so gerechtfertigt und vorgelebt. Fast wie ein Treppenwitz kam mir deshalb die Aussage eines Studienrats vor: *„Ich versteh nicht, dass in meiner Klasse immer wieder Mobbing vorkommt. Dabei habe ich den Schülern ganz klar gesagt: Wer hier einen mobbt, den mach ich so fertig, dass der überhaupt nichts mehr macht."*

Dieses Modell soll nicht dazu auffordern, jedes Wort auf die Goldwaage zu legen. Sätze, beziehungsweise Sprüche fallen immer im Kontext. Ist der von Achtung vor dem Schüler getragen, fällt ein dummes Wort weniger ins Gewicht. Fehlt diese Achtung, können flapsige Kommentare Mobbing auslösen. Betrachtet man die Situation von der Seite des Schülers, hier von Petra aus, wird deutlich, dass auch seine Reaktionen von der Kommunikationssituation beeinflusst werden. Der Angesprochene agiert auf der Klassenbühne. Die Resonanz durch sein Publikum bestimmt sein Verhalten mit. Er wird sich so verhalten, dass er sein Ansehen in der Klasse möglichst nicht verliert. Auch der Lehrer steht unter Beobachtung der Öffentlichkeit. Er weiß, dass er sein Ansehen beschädigen kann, wenn er einen öffentlichen Konflikt austrägt. Deshalb: Bieten Sie dem Konflikt keine Bühne. Verschieben Sie seine Austragung auf ein 4-Augen-Gespräch, wenn es eben möglich ist.

Nicht mit dem Beziehungsohr hören

Gehen wir noch einmal zurück zu den vier Seiten einer Botschaft nach Schulz von Thun. Das Konzept macht auch klar, dass Kommunikation auf Deutung angelegt ist. Ein und derselbe Satz kann unter sehr unterschiedlichen Aspekten gesprochen und auch wahrgenommen werden.

Ein Schüler aus der 5. Klasse stand aufgeregt vor mir. Er hatte im Diktat eine Drei bekommen, war aber offensichtlich mit der Note nicht einverstanden: *„Herr Kindler, Sie sind ungerecht."* Dieser Satz soll auf seine vier Aspekte hin untersucht werden. Die Sachaussage hätte nicht zum Inhalt, dass ich faktisch ungerecht bin, sondern dass der Schüler meine Bewertung als ungerecht empfindet. Der Appell ist hier wohl eindeutig: Der Schüler möchte, dass ich die Note seiner Klassenarbeit ändere. Als Ich-Offenbarung zeigt sich hier, dass der Schüler offensichtlich sehr aufgeregt ist. Sonst wäre er nicht so undiplomatisch vorgegangen. Sein offenes Vorpreschen lässt auch darauf schließen, dass er sich zutiefst im Recht sieht, so dass er alle Vorsicht fahren lässt, die man sonst gegenüber jemandem wahrt, der in der Hierarchie höher steht. Die Beziehungsbotschaft liegt nicht so klar auf der Hand. Nimmt man den Satz wörtlich, unterstellt mir der Schüler fehlendes Gerechtigkeitsgefühl oder sogar die Absicht, ihn bewusst falsch zu bewerten. Diese spontane Deutung führt jedoch in die Irre. Denn, wäre diese Interpretation richtig, hätte der Schüler dann den Mut, mich in dieser Weise anzusprechen, die Rache des Ungerechten herauszufordern? Dass er mich auf eine in seinen Augen fehlerhafte Bewertung anspricht, zeigt ja auch eine Art von Vertrauen. Vermutlich geht er davon aus, dass ich meinen Fehler korrigieren werde.

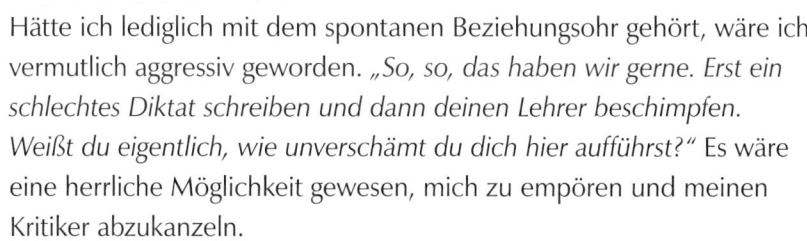

Hätte ich lediglich mit dem spontanen Beziehungsohr gehört, wäre ich vermutlich aggressiv geworden. *„So, so, das haben wir gerne. Erst ein schlechtes Diktat schreiben und dann deinen Lehrer beschimpfen. Weißt du eigentlich, wie unverschämt du dich hier aufführst?"* Es wäre eine herrliche Möglichkeit gewesen, mich zu empören und meinen Kritiker abzukanzeln.

Ich entschloss mich stattdessen, mich auf die Aufgeregtheit, die mir die Ich-Offenbarung preisgab, zu konzentrieren: *„Zeig mir doch, wo ich mich deiner Meinung nach geirrt habe."* Der Aufgeregte hatte übrigens Recht gehabt. Ich hatte denselben Fehler zwei Mal angestrichen.

Leider hören wir, mich eingeschlossen, in Konflikten oft reflexhaft mit dem Beziehungsohr. *„Der will mir was, der beleidigt mich, der macht mich runter"*, nehmen wir wahr. Und genauso reflexhaft starten wir die Gegenattacke. Und die ist in Konflikten in der Regel unproduktiv. Konzentrieren wir uns in Konflikten auf die Aspekte Ich-Offenbarung und Appell, reagieren wir in der Regel angemessener, womit nicht gesagt sein soll, dass jede Beleidigung und jede Attacke zu schlucken ist.

Der Vorwurf: *„Ihr Unterricht ist langweilig!"* auf dem Beziehungsohr gehört: *„Sie sind ein schlechter Lehrer, der sich nicht gut vorbereitet!"*, ist leicht mit dem Gegenangriff zu kontern: *„Was hast du denn wieder nicht verstanden?"* Allein, der Konternde verhindert eine Aussprache und eine Veränderung des gemeinsamen Arbeitsprozesses. Der Appell, den der Schüler hier äußert, sagt ja nicht, dass er nichts lernen möchte, sondern nur, dass er auf eine andere Art lernen möchte. Nimmt man ihn ernst, bedeutet das eventuell mehr Arbeit, vermutlich aber mehr Zufriedenheit im Job.
Natürlich kann der Vorwurf, dass der Unterricht langweilig sei, auch als Attacke eingesetzt werden, um von eigenen Unzulänglichkeiten abzulenken oder um Unterrichtsarbeit selbst durch Scheindebatten auszusetzen. Die Ich-Offenbarung, die dahinter steckt, ist ja keinesfalls eindeutig. Nur: Das Beharren, mit dem Beziehungsohr jegliche Form von Kritik als Angriff wahrzunehmen, schafft keine Lösungen, sondern nur Eskalationen und den inneren Zustand eines Daueralarms.

Fazit ▶▶▶▶▶▶▶▶

Auch wenn Sie sich ungerechtfertig angegriffen fühlen: Prüfen Sie zunächst, was der Sprecher von Ihnen will. Prüfen Sie, welche Haltung hinter dem vermeintlichen Angriff steckt. Hören Sie also diagnostisch, bevor Sie agieren.

Die Transaktionsanalyse

Die Transaktionsanalyse nach Eric Berne ist eine Theorie, die ebenfalls
kommunikative Abläufe untersucht. Wir konzentrieren uns im Folgenden
nur auf einen Aspekt, der für den Schulalltag besonders wichtig ist. Berne
geht davon aus, dass jeder Mensch drei unterschiedliche psychische Instan-
zen aufweist: Das Eltern-Ich, das Erwachsenen-Ich und das Kinder-Ich.
Rautenberg und Rogoll (W. Rautenberg/R. Rogoll, Werde, der du werden
kannst, Persönlichkeitsentfaltung durch Transaktionsanalyse, Freiburg
2001) beschreiben die unterschiedlichen Elemente so:

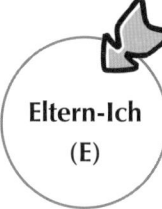

**Eltern-Ich
(E)**

*„Im **E-Element** handelt der Mensch aus dem Bedürfnis
heraus, andere zu korrigieren und zu belehren, zu adeln und
zu bestrafen, zu schützen und zu betreuen.
Die Schlüsselwörter heißen Wissen, Werten, Wiegen.
Die Grundtypen des „E"-Elementes sind:*

➡ *urteilend, fordernd, zurechtweisend*

➡ *beratend, mitfühlend, beschützend, ermutigend*

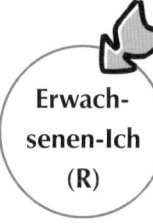

**Erwach-
senen-Ich
(R)**

*Das **R-Element** erforscht Tatsachen und deren Auswirkungen
und berechnet den Grad der Wahrscheinlichkeit, mit dem diese
eintreten. Im „R" denkt der Mensch nüchtern nach über:
sachliche Zusammenhänge, emotionale Reaktionen und die
verinnerlichten Zielvorstellungen Dritter und bildet sich ein
eigenes objektives Urteil. Die dazu passenden Schlüsselwörter
sind Realität erfassen, Fakten prüfen, Folgen bedenken.*

**Kinder-Ich
(K)**

*Aus dem **K-Element** kommen*

➡ *Einengung, Angst und Trotz*

➡ *Wissensdrang, Abenteuerlust und Kreativität*

➡ *Spontaneität, Hochgefühl und Begeisterung*

*Diese drei Seiten fassen wir in die Schlüsselwörter Leiden,
Spielen, Genießen. Hier gibt es drei Grundtypen:*

➡ *freudig, begeistert, kreativ, spontan*

➡ *angstvoll, zurückhaltend, gehemmt, absichernd,
vorsichtig*

➡ *fordernd, aggressiv, trotzig, wütend."*

– aber …!

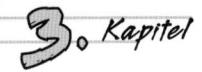

In Kommunikationsverläufen sprechen die Partner, wenn die Kommunikation funktionieren soll, sich parallel auf derselben Ebene an. So spricht ein **Eltern-Ich** zum anderen Eltern-Ich: *„Die Jugend heute, ganz entsetzlich. Da gibt es keine Ordnung, kein Vertrauen, keine Zucht."* – *„Genau, und was das Schlimmste daran ist, die wollen nicht mehr arbeiten, denken, der Luxus fällt vom Himmel."* Das Gespräch zwischen den kritisierenden Eltern könnte endlos weiterlaufen.

Sprächen zwei **Erwachsene** miteinander, käme etwa folgender Gesprächsverlauf zu Stande: *„Ich habe in der neuen Veröffentlichung von Hurrelmann gelesen, dass man keineswegs pauschal von einer Zunahme der Jugendgewalt reden kann."* – *„Das deckt sich auch mit den Beobachtungen, die wir in der Gewaltprävention machen. Von 1000 Befragten Jugendlichen …"*

Aus dem **Kinder-Ich** heraus könnte das Gespräch so verlaufen: *„Ich habe keine Lust mehr, mir den Kopf über irgendwelche Jugendprobleme zu zerbrechen."* – *„Genau, wir sollten lieber einen trinken."*

▶ Paralleltransaktionen verlaufen reibungslos

Diese Muster zeigen auf, dass zwischen gleichen Persönlichkeitsebenen Gespräche gelingen. Sie gelingen auch zwischen Eltern-Ich und Kinder-Ich: *„Wo kommst du wieder so spät her? Ich habe mir solche Sorgen um dich gemacht."* – *„Entschuldige bitte, aber wir hatten doch in Bärbels Geburtstag hineingefeiert und ich war doch die Erste, die gegangen ist."*

In der Schule erzwingen häufig sogar Eltern-Lehrer, denn der Ich-Zustand bietet sich an, das Auftreten von Kinder-Schülern. Viele Lehrer ärgern sich, weil selbst ihre Oberstufenschüler immer wieder zu kindlichen Verhaltensmustern tendieren, ohne sich selbst im Klaren darüber zu sein, dass eben sie es sind, die dieses Verhalten hervorrufen.
„Kannst du mir einmal erklären, weshalb du wieder deine Hausaufgaben nicht gemacht hast? Das ist doch unglaublich, was du hier ablieferst, beziehungsweise nicht ablieferst. Also, was ist los mit dir?" Reflexhaft verfällt der so Angesprochene ins **Kinder-Ich**: *„Wissen Sie, ich hab mir ja Mühe gegeben, wirklich, aber ich hab das nicht verstanden, irgendwie kapier ich das einfach nicht, das mit der Mittelsenkrechten. Ich habe schon richtig Angst vor der nächsten Arbeit. Können Sie mir nicht helfen?"*

Der Schüler verhält sich hier geschickt. Er ist das brave, angepasste Kind, das sich bemüht, das Hilfe fordert. Dem Lehrer bleiben so eigentlich nur zwei Möglichkeiten, wenn er im **Eltern-Ich** bleibt. Er kann einmal weiter das strafende, tadelnde „Ich" verfolgen: *„Wieso hast du das wohl nicht verstanden? Ich kann es dir genau erklären. Du passt einfach nicht auf. Und nachher wundern sich die Herrschaften, dass nichts klappt. Und dann kommt die Fünf und der Jammer ist groß. Hast du dir mal überlegt, wie das mit dir noch weitergehen soll?"* Mögliche Antworten des Schülers könnten in Demutsgesten oder in der Beteuerung des Besserungswillens liegen. Dies Spielchen kann sich dann wieder beliebig lang hinziehen.

Ist dagegen die Strategie des Schülers von Erfolg gekrönt, bleibt der Lehrer zwar im Eltern-Ich, wandelt sich aber von dem vorwurfsvollen zum stützenden, helfenden Elternteil. Und es schmeichelt natürlich jedem, von dem Gegenüber als Helfer, Retter angesehen zu werden. (Dies funktioniert nicht nur in der Schule nach diesem Muster, sondern auch in Ehen, Betrieben und Kaufhäusern.) Das freundliche, stützende, versorgende Eltern-Ich würde in diesem Falle so antworten: *„Ach, das war wirklich zu schwer? … Gut, also, dann erkläre ich es euch noch mal, das kriegen wir hin. Also, hört bitte zu …"* Im Gespräch bedingen sich also Eltern-Ich und Kinder-Ich gegenseitig. Sie sind komplementär.

▶ Eltern-Ich und Kinder-Ich in der Schule

Das ist generell nichts Schlechtes. Es kann durchaus einen Sinn machen, aus dem Eltern-Ich mit Schülern zu kommunizieren. Problematisch ist das erst, wenn dies die einzige Kommunikationsform bleibt. Die Unreife und Abhängigkeit ihrer Schüler, die viele Lehrer beklagen, entstehen auch auf der Basis der Eltern-Kinder-Transaktionen. Sie sind deshalb so verführerisch, weil sie sich quasi automatisch fortsetzen und den Bedürfnissen vieler Lehrer, nämlich Helfer und Erzieher zu sein, entgegenkommen. Für Schüler sind die Transaktionen dieser Art ebenfalls zumindest vordergründig von Nutzen. Sie entheben sie der Aufgabe, eigenverantwortlich zu handeln und fördern die Bequemlichkeit der Schüler. Wer muss noch

nachdenken, wenn einem das freundliche Lehrer-Eltern-Ich alles erklärt? Bedrängt vom strafenden oder behütet vom schützenden Elternteil verfallen Schüler in ständig neue Formen von Unmündigkeit. So fragen sie nach unbekannten Begriffen in Texten, die zu Hause vorzubereiten waren, statt selbst nachzuschlagen. So lassen sie sich Rechenwege erklären, ohne selbst nachzudenken. So muss der Lehrer bei Schwierigkeiten helfen, ohne dass man selbst aktiv wird.

Will man seine Schüler aus dem Kinder-Ich herausholen, macht es Sinn, aus dem R-Element heraus, also aus dem Erwachsenen-Ich, zu kommunizieren und zu handeln. In dieser Instanz verhält man sich realitätsangemessen, sachlich, analytisch. Das R-Element ist quasi ein Störenfried für Kommunikationen aus anderen Ich-Zuständen. Das hilflose Kind sucht den unterstützenden Elternteil, das freudige Kind ein anderes freudiges Kind und keinen rationalen Erwachsenen, wie der folgende Witz veranschaulicht: *„Eh, tolle Frauen hier auf der Party, besonders die Blonde da, ob ich bei der wohl landen kann?" – „Das weiß ich nicht, aber wenn, dann lassen Sie mich es wissen." – „Klar, mach ich, stehst du auch auf die?" – „Das kann man sagen, ich bin mit ihr verheiratet."*

▶ Agieren aus dem Erwachsenen-Ich

In der Schule kann das R-Element gezielt eingesetzt werden, um Schüler aus der hilflosen Abhängigkeitsrolle zu lösen. Gehen wir noch einmal auf das Beispiel mit den fehlenden Hausaufgaben ein, in dem der Schüler um Hilfe bat. Wenn der Lehrer beispielsweise fragen würde: *„Was hast du genau unternommen, um die Aufgabe zu lösen?"*, könnte der Schüler nicht mehr jammern, wie schwer alles ist, sondern wäre gezwungen, rational zu argumentieren. Vielleicht startet er noch einen Versuch, um in der bequemen Kinderrolle zu verharren: *„Das war alles so schwer, ich wusste gar nicht, wo ich anfangen sollte. Ich habe das einfach nicht verstanden."* Während ein Eltern-Ich-Lehrer hier entweder zürnte: *„Das ist eine Unverschämtheit, so geht das nicht weiter mit dir!"*, oder den Schüler stützen würde: *„Wenn dir das so schwer fällt, erkläre ich es noch einmal."*, forderte der Erwachsenen-Ich-Lehrer die Eigenständigkeit des Schülers ein: *„Damit ich dir weiter helfen kann, schreibe mir bitte bis morgen auf, worin deine Schwierigkeiten genau bestehen, was du nicht verstanden hast, welche Aufgabenstellungen dir unklar waren und warum sie dir unklar* *waren."* So könnte sich der Schüler nur mit Mühe weiterhin klein machen. Umgekehrt könnte auch ein Schüler den moralisierenden Eltern-Ich-Lehrer aus seiner Rolle bringen, wenn er sich geschickt auf der R-Ebene bewegt. *„Mir ist nicht klar, weshalb Sie ärgerlich auf mich sind."*

▶ Praxisbeispiele – aus dem Erwachsenen-Ich handeln

Wenn Sie aus dem Erwachsenen-Ich handeln, gehen sie anders, manchmal effektiver mit Schülern um. Das soll an typischen Schulkonflikten veranschaulicht werden:

1

„Die aus der 6a sind so gemein. Immer kommen die in unsere Klasse und machen alles schmutzig. Die schmeißen dann hier alles rum und so. Und wir kriegen nachher auch noch Ärger, weil das so schlimm bei uns aussieht. Helfen Sie uns doch, Frau Hoffer!"

„Gut, das werde ich machen. Die sind aber auch zu unverschämt. Ich werde mit dem Klassenlehrer sprechen. Die kriegen ein Raumverbot. Und wehe, wenn noch mal einer von denen hier reinkommt. Dann kommt ihr sofort zu mir. Das bringe ich dann ein für alle Mal in Ordnung. Keine Angst, das kriegen wir hin."

„Die aus der 6a sind so gemein. Immer kommen die in unsere Klasse und machen alles schmutzig. Die schmeißen dann hier alles rum und so. Und wir kriegen nachher auch noch Ärger, weil das so schlimm bei uns aussieht. Helfen Sie uns doch, Frau Hoffer!"

„Was habt ihr denn bisher unternommen, damit das nicht mehr passiert?"

„Wir haben denen gesagt, dass die aufhören sollen."

„Und sonst?"

„Ja, nichts, weil die ja nicht auf uns hören. Deshalb sollen Sie denen das ja auch sagen."

„Bevor ich was unternehme: Überlegt doch mal selbst, was ihr tun könntet, wie ihr mit den Schülern aus der 6a umgehen könntet."

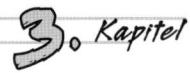

2

*„Chantal, du störst ständig. Langsam geht mir dein Dauer-
gerede auf die Nerven. Kannst du nicht einmal aufpassen?"*

*„Ich pass doch auf. Und immer bin ich dran. Die anderen sprechen
doch auch. Immer ich."*

*„Weil du auch immer störst. Ich finde es unmöglich, dass du auch
noch deine Mitschüler beschuldigst."*

„Nicht mal verteidigen darf man sich hier. Ich finde das so ungerecht."

Dieser Standardgesprächsversion soll nun ein Diskurs entgegengesetzt
werden, der perspektivisch eher dazu dienen kann, Chantal zu einem
den Unterricht weniger störenden Verhalten zu bewegen:

„Chantal, bitte."

„Immer ich, ich hab doch gar nichts gemacht."

„Chantal, können wir einmal ernsthaft miteinander reden?"
„Wie?"

*„Ich möchte mich nicht mit dir darüber streiten, was ich gerade
gesehen und gehört habe."*

„Aber wieso immer ich, die anderen reden doch auch immer!"

*„Weil du mir jetzt aufgefallen bist. – Und Chantal,
ich möchte jetzt mit dir nicht über die anderen
reden, sondern über dein Verhalten. Und du
machst es mir schwer, dich zu unterrichten."*

„Das ist doch ihre Sache, Sie sind doch der Lehrer."

*„Es ist auch deine Sache. Für dein Lernen bist
du in erster Linie verantwortlich. Und damit
wir uns nicht dauernd beharken, bitte ich dich
um Folgendes. Uberleg dir bis morgen, dann
haben wir die Stunde vor der großen Pause,
wo wir uns in Ruhe unterhalten können, wie ich
mit dir umgehen soll. Überleg dir bitte auch, was dein Beitrag
sein kann, wie du dich in der Klasse verhalten willst."*

③

Felix, ein freundlicher Oberstufenschüler, der häufig zu spät kommt, lässt Ermahnungen und Kritik charmant an sich abprallen.

„Felix, Sie sind schon wieder zu spät. Das ist das dritte Mal in der letzten Zeit. Ihr Verhalten ist untragbar."
„Entschuldigen Sie bitte, es tut mir wirklich Leid, ich verspreche Ihnen, dass ich mich bemühen werde, dass das nicht mehr vorkommt. Ich wollte Sie auch wirklich nicht stören, es tut mir echt Leid."

Der klassische Dialog zwischen Eltern-Ich und Kinder-Ich wird sich wiederholen und endlos fortsetzen lassen.

Anders verliefe er, spräche der Lehrer den schon beim Betreten des Klassenzimmers sichtbar Zerknirschten aus dem Erwachsenen-Ich an:

„Felix, damit Sie in Zukunft nicht mehr regelmäßig verspätet erscheinen, möchte ich gerne von Ihnen wissen, welche Maßnahmen Sie ergreifen, damit Sie pünktlich zum Unterricht erscheinen können."
„Entschuldigen Sie bitte, tut mir Leid, soll nicht wieder vorkommen. Ich bemühe mich."
„Was bitte, haben Sie genau vor? Worin soll Ihre Mühe bestehen?"
„Ich könnte einen früheren Bus nehmen."
„Könnten Sie das oder werden Sie das? Ich möchte gerne, dass Sie Sich verbindlich und klar festlegen."

Nun ist hier nicht garantiert, dass wir in Zukunft einen pünktlichen Felix erleben. Nur würde er größere Probleme haben, sich herauszureden.

Fazit ▸▸▸▸▸▸▸▸

Das Konzept von Berne hilft, Kommunikationskreisläufe zu unterbinden. Der ewige Wechsel zwischen Schüler-Kind und Lehrer-Eltern kann durch das gezielte Verwenden des Erwachsenen-Ichs beendet werden. Auch hilft die konsequente Anwendung dieses Konzepts, die Schüler zur Selbstständigkeit zu erziehen. Es ermöglicht ferner ein flexibleres Kommunikations- und Konfliktverhalten.

– aber …!

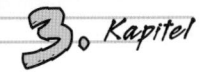

Beschreiben statt bewerten

Um gleich einem Missverständnis vorzubeugen: Das Bewerten gehört zum Lehrerberuf, es soll also keineswegs dazu aufgefordert werden, auf jedes Bewerten zu verzichten, sondern es handelt sich in diesem Abschnitt um das Vermeiden von vorschnellen Bewertungen in Konfliktsituationen. Unser Gegenüber ist eher bereit, sich auf eine Konfliktlösung einzulassen, wenn er sich von uns nicht in ein Korsett von Bewertungen gezwängt fühlt. Wie soll jemand reagieren, wenn ich ihm sage: *„Du bist immer so unhöflich!"* – Er wird zumindest innerlich den pauschalen Angriff zurückweisen. Diese Form der Bewertung behindert Konfliktlösungen. Sie provoziert in dem Angesprochenen negative Fantasien darüber, wie er vom Sprecher angesehen wird. Zudem ist sie ungenau und falsch. Was unhöflich ist, bleibt offen. Immer unhöflich ist niemand. Besser wäre eine Aussage, die konkret, beschreibend ist:
„Du bist in der ersten Stunde verspätet erschienen und hast dich dann hingesetzt, ohne dich zu entschuldigen. Das hat mich geärgert." – Hier weiß der Angesprochene genau, worum es sich handelt. Er kann deshalb, aber muss nicht, angemessen und konkret reagieren.
Die Differenzierung zwischen Beschreibung und Bewertung ist deshalb eine wichtige Hilfe, um Konflikte konstruktiv lösen zu können. In unserem alltäglichen Sprachgebrauch ist sie allerdings nicht die Regel. Bewertungen werden häufig durch Verallgemeinerungen vermittelt: *„Immer bist du … ständig … nur … jedes Mal … usw."* Sie werden besonders in Adjektiven deutlich: *„… dumm, unhöflich, lieblos, frech …"* Oft werden diese in der Regel negativ konnotierten Adjektive als entscheidende Wesensmerkmale einer Person verwendet: *„Du bist lieblos!"*, ist ein ebenso pauschales wie aggressives Gesamturteil. Bewertungen können sich auch geschickt in Nomen und Verben verstecken:

➡ *„Du suchst Streit!"* So wird beispielsweise das Verhalten einer Person als aggressiv gebrandmarkt. Und ein Streit wäre wahrscheinlich.

➡ *„Hör doch auf zu meckern!"* Der Angesprochene würde vermutlich sagen, dass es ihm um sachliche Kritik ging.

Um den oft unbeabsichtigten und oft aggressiven Bewertungen zu entgehen, sollte man möglichst konkret eigene Wahrnehmungen, Empfindungen, Gefühle, Wünsche und Ziele beschreiben. Dieser Prozess gelingt zunehmend, wenn man selbstkritisch Verabsolutierungen und Verallgemeinerungen vermeidet und das eigene sprachliche Verhalten in Konflikten betrachtet.

Fazit ▶▶▶▶▶▶▶▶

Gerade in Konflikten wirken die oft versteckten, aggressiven Bewertungen des anderen eskalierend. Er wird sich darauf konzentrieren, die als ungerecht empfundenen Wertungen zurückzuweisen, statt darauf, den Konflikt zu lösen. Beschreibungen, die nicht apodiktisch gesetzt werden, sondern erkennbar aus der eigenen Wahrnehmung getroffen werden, sind Hilfen für eine Konfliktlösung.

Förderliches Gesprächsverhalten

In Kommunikationsseminaren gibt es eine Vielzahl von gut gemeinten Vorschriften, wie förderlich zu kommunizieren sei. Vieles von dem, was dort vertreten wird, ist richtig. Aber nicht alles: Die Auflistung der Gesprächsförderer macht die Sache komplizierter, als sie in Wirklichkeit ist. Wenn Sie um ein Gespräch, um eine Beratung gebeten werden, sollten Sie zunächst Folgendes beachten:

> ➡ Machen Sie sich selbst klar, ob Sie wirklich das Gespräch führen wollen. Es ist ehrlicher, dem Gegenüber rücksichtsvoll zu signalisieren, dass man ihn nicht beraten möchte, statt sich zu einem Gespräch zu zwingen, das man nicht will. Sie sind keinesfalls grundsätzlich dazu verpflichtet, andere zu beraten. Wenn Sie – aus welchen Gründen auch immer – ein Gespräch nicht wollen und es trotzdem führen, fehlen Ihnen die Grundvoraussetzungen für eine erfolgreiche Kommunikation: Das Interesse am Gegenüber und der Wille, ihm zu helfen. Und das nimmt der andere in der Regel wahr, so ausgefeilt Ihre Gesprächstechniken auch sein mögen.

– aber ...!

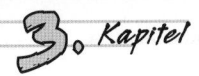

➜ Lassen Sie sich Zeit. Kein echtes Problem lässt sich in fünf Minuten wirklich lösen. Lassen Sie sich auch Zeit, bevor Sie Ihrem Gegenüber einen Rat geben.

Kommen Sie sofort mit einer Lösung, signalisieren Sie ihm indirekt, dass er dumm ist. Das, was ihn bedrückt, „lösen" Sie im Handumdrehen. Unter dieser Gefahr stehen besonders Gespräche von Lehrern mit Schülern. Wir Lehrer wissen mehr, haben mehr Erfahrungen und stehen in der Hierarchie höher. Nehmen wir an, dass es Ihnen – aller Wahrscheinlichkeit zum Trotz – gelingt, eine Blitzdiagnose zu stellen, die Ihr Gegenüber als die Lösung seiner Probleme sieht, besteht die Gefahr, dass Sie ihm nicht wirklich helfen werden, denn er wird sich wieder an Sie wenden, wenn er vor Problemen steht, und auf Ihre Lösungen warten, statt selbst aktiv zu werden.

➜ Natürlich dürfen Sie auch einen Rat geben. Aber überfallen Sie ihr Gegenüber nicht mit Ratschlägen. In der Regel unterscheiden sich die Ratschläge, die am Ende eines Gespräches gegeben werden, erheblich von denen, die man spontan äußern würde.

➜ Sind Sie wirklich an einer Lösung interessiert, dann fragen Sie nach. Vermitteln Sie Ihrem Gegenüber das Gefühl, dass Sie an ihm, an seinen Problemen Interesse haben. Zeigen Sie ihm, dass Sie ihn zunächst einmal verstehen wollen. Auf dieser Basis entwickeln sich Gespräche, nicht auf der von Techniken. (Die haben natürlich auch ihren Sinn!)

➡ Benutzen Sie die Gesprächsförderer als Helfer.

➡ Der Einsatz von Gesprächsförderern orientiert sich auch am Gesprächspartner. Das Spiegeln einer Aussage kann im Gespräch mit einem Schüler auch nach kurzen Sätzen einen Sinn machen. Viele Kollegen fühlten sich aber nach Antworten, in denen nur ein Satz mit anderen Worten wiederholt wurde, nicht ernst genommen. (*„Und dann hat er mich vor dem Kollegium angesprochen." – „Du wurdest also vor allen gefragt?"*)

➡ Auch das Von-sich-selbst-Reden, in vielen Gesprächsförderern als Fehler gebrandmarkt, kann unter Umständen als Entlastung empfunden werden, besonders wenn Kollegen dieselben Probleme mit einer Klasse äußern. Das wird als Zeichen von Solidarität und Offenheit gesehen, denn viele Lehrer haben Probleme, eigene Fehler einzugestehen.

➡ Man führt keineswegs gelungen ein Gespräch, wenn man quasi mechanisch einzelne Gesprächsförderer einsetzt. Stellen Sie sich bitte vor, Ihr Gegenüber würde im Minutentakt fragen: *„Und wie hast du dich dabei gefühlt? Welche Gefühle hat das in dir ausgelöst? Was empfindest du jetzt dabei?"* Sie würden verärgert das Gespräch abbrechen, sich lächerlich gemacht oder nicht wirklich beachtet fühlen. Jede Gesprächstechnik, die als Technik exekutiert und empfunden wird, signalisiert dem Gegenüber, dass er nicht als Individuum mit individuellen Bedürfnissen wahrgenommen, sondern nach einer routinierten Masche abgearbeitet wird.

– aber …!

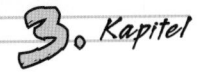

Als gesprächsfördernd werden von C. Weisbach (C. Weisbach u.a., Zuhören und Verstehen, Reinbeck 1984, S. 37–62) folgende Verhaltensweisen aufgeführt, denen gemeinsam ist, dass sie alle Interesse am Gegenüber selbst signalisieren und das Verstehen seines Anliegens erreichen wollen:

- **Zuhören/sich Zeit lassen,**
- **Wiederholen** (*„Du bist dann also ins Lehrerzimmer gegangen …"*)
- **Klären** (*„Meinst du damit, dass …"*)
- **Zusammenfassen** (*„Also das bedeutet für dich, dass du nicht mehr kandidieren willst?"*)
- **In-Beziehung-Setzen** (*„Hängt das damit zusammen, dass du …?"*)
- **Weiterführen** (*„Und wenn du nicht mehr kandidierst, was erwartest du dir dann?"*)
- **Denkanstoß geben** (*„Und wie wird das wohl im Kollegium ankommen?"*)
- **Gefühle ansprechen** (*„Bist du denn mit der Lösung zufrieden?"*) Und möglichst vermeiden Sie die folgende Phrase, weil die Wendung inflationär gebraucht wird: *„Und wie hast du dich dabei gefühlt?"*

Als gesprächsstörend kann man die Haltungen zusammenfassen, die Desinteresse, Aggression oder Überlegenheitsgefühle signalisieren. Im Einzelnen sind das:

- **Von sich reden** (*„Das mit deiner Verletzung ist schon traurig, aber ich habe etwas viel Schlimmeres erlebt."*) **Aber:** Es kann Sinn machen, von denselben Erfahrungen zu reden: *„Mit der Klasse habe ich dasselbe erlebt."*
- **Bewerten** (*„Das hast du völlig falsch gemacht."*)
- **Stellungnahmen abgeben** (*„Also, ich möchte erst mal ganz persönlich feststellen, was ich von deinem Problem halte."*)
- **Überreden** (*„Du musst doch einsehen, dass das keinen Sinn hat …"*)
- **Ursachen aufzeigen** (*„Meiner Meinung nach ist das völlig klar. Das ist nicht dein Problem, sondern der Chef ist nicht in der Lage, ein Kollegium zu führen."*)

➡ **Ausfragen** (*„Jetzt sag doch endlich mal, warum hast du das nicht gemacht?"*), voreilige Vorschläge machen oder voreilige Ratschläge geben oder voreilige Lösungen anbieten (*„Ich weiß gar nicht, wo dein Problem ist, die Lösung liegt doch auf der Hand."*)

➡ **Vorwürfe machen** (*„Wie konntest du das auch in deiner Klasse zulassen?"*)

➡ **Befehlen** (*„Das musst du unbedingt erledigen."*)

➡ **Drohen** (*„Wenn du das nicht erledigst, dann bekommst du ein Problem mit mir."*)

➡ **Herunterspielen** (*„Also so schlimm ist dein Problemchen doch wirklich nicht."*)

➡ **Verspotten/Ironisieren** (*„Ach, du wackerer Streiter für die Pädagogik, das ist doch nicht dein Ernst."*)

Fazit ▶▶▶▶▶▶▶▶

Alle Gesprächsformen, die dem Gegenüber Interesse und Akzeptanz signalisieren, fördern ein Gespräch. Gesprächsförderer sollten jedoch auf keinen Fall schematisch eingesetzt werden. Wenn wir an moderne Jugendliche denken, sollten wir auf jeden Fall vermeiden, unser Gegenüber sprachlich zu überfordern. Das heißt konkret: Zuhören, klare Sätze, keine Monologe, dem anderen Zeit lassen.

Schlagfertigkeitstraining

Das folgende Kapitel basiert auf dem Text von U. Günther und W. Sperber (U. Günther/W. Sperber, Rhetorische Tricks und ihre Abwehr. In: Handbuch für Kommunikations- und Verhaltenstrainer, München 2000, S. 106–115). Die Darstellung wurde weitgehend übernommen, verkürzt und in den Beispielen auf den Schulalltag bezogen. Hier geht es um die Abwehr unterschiedlicher rhetorischer Angriffe, die im Alltag häufig auftauchen.

– aber …!

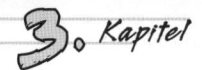

Im Folgenden werden verschiedene Techniken des sprachlichen Angriffs/ Angebens/„Getues" dargestellt und verschiedene Musterlösungen beschrieben, um mit ihnen umzugehen.

Durch Wissen imponieren:

> **Beispiel:** *„E. Stiller hat in seiner Dialogischen Didaktik Verhaltensmaß-stäbe für Lehrer gesetzt, die uns allen eine selbstverständliche Basis für die weitere Diskussion sein sollten."*

Gegenstrategie:
Gespräch auf das Thema oder auf die Lösung des Problems zurückführen oder auf konkrete Aspekte lenken:

 Beispiele: *„Wie sieht das denn konkret in Ihrer Praxis aus."* oder *„Was sind denn Ihre Argumente?"*

Durch Status- und Prestigesymbole beeindrucken:

> **Beispiel:** *„Da ich jahrelang als Schulleiter tätig war und oft auch mit dem Minister konferiert habe, weiß ich genau …"*

Gegenstrategie:
Auf die konkrete Situation hinweisen oder – besonders, wenn die Ange-berei übertrieben wird – Ironie und Spott einsetzen, wobei das natürlich erhebliche Gegenreaktionen provozieren kann:

 Beispiele: *„Welcher Zusammenhang besteht zwischen Ihren Erfahrungen und dem Problem, das hier vor uns liegt?"* oder *„Handelt es sich dabei um diesen Kultusminister, der zurücktreten musste?"*

Meinungen als Tatsachen darstellen:

> **Beispiele:** *„Lassen Sie mich sagen, wie es wirklich ist …"* oder *„Unsere Schüler wollen doch die Ganztagsschule, so sehen doch die Fakten aus …"*

Gegenstrategie:
Aufzeigen, dass es sich um unbewiesene Behauptungen handelt:

 Beispiele: *„Das ist Ihre Sicht, dass das die Wirklichkeit ist. Dagegen spricht aber …"* oder *„So weit ich weiß, gibt es keine empirische Untersuchung an unserer Schule, die hier den Schülerwillen erfragt hat. Ich selbst habe einen gegenteiligen Eindruck gewonnen, weiß aber, dass das nur ein Eindruck ist."*

Sich auf Autoritäten berufen:

> **Beispiele:** *„Und das stammt nicht von mir, sondern dies sagt unser Schulleiter …"* oder *„Wenn Sie sich orientiert hätten, wüssten Sie, dass in der ASCHO dazu Folgendes steht:*

Gegenstrategien:
Bezieht sich die Aussage der Autorität auf denselben Fall?

 Beispiel: *„Das hat er zwar gesagt, aber er bezog sich damit auf die Lehrer …"*

Oft kann man mit derselben Autorität Gegenpositionen belegen:

 Beispiel: *„In der ASCHO steht auch, dass …"*

Passt die Aussage auf die konkrete Situation?

 Beispiel: *„Die von ihnen bemühten Äußerungen unserer Schulleitung beziehen sich ja auf Vorfälle, die zwei Jahre zurückliegen. Inzwischen hat sich die Situation gewandelt."*

Bezweifeln der konkreten Zuständigkeit (für den Fall) der Autorität:

 Beispiel: *„Es mag sein, dass sich unser Schulleiter so geäußert hat, er ist jedoch mit dem konkreten Fall in meiner Klasse noch gar nicht vertraut."*

Die Kompetenz der Autorität bezweifeln:

 Beispiel: *„Unser Chef ist doch ein musikalischer Laie. Ihn deshalb als Geschmacksautorität zu zitieren, halte ich für gewagt …"*

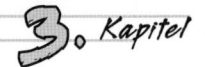
Sprichwörter/Redewendungen verwenden:

> **Beispiele:** *„Es ist noch kein Meister vom Himmel gefallen."* oder *„Was Hänschen nicht lernt, lernt Hans nimmermehr."*

Gegenstrategien:

Fast immer gibt es ein Sprichwort/eine Redewendung, die das Gegenteil besagt:

 Beispiele: *„Lernen ist ein lebenslanger Prozess."* oder *„Früh übt sich, was ein Meister werden will …"*

Machen Sie deutlich, dass das Sprichwort, die Redewendung auf den konkreten Fall nicht anzuwenden ist:

 Beispiel: *„Hier geht es ja nicht um eine Meisterleistung, die aus dem Nichts kommen soll, sondern um die Überprüfung von Lernleistungen, die gründlich vorbereitet worden sind."*

Andeutungen machen:

> **Beispiele:** *„Abgesehen davon, dass wir den Vorschlag nicht umsetzen können, möchte ich zeigen …"* oder *„Fast hätte ich gesagt, es ist eine Lüge …"* oder *„Ich verzichte ganz bewusst darauf, Ihre vielen peinlichen Fehler öffentlich darzustellen, sondern …"*

Gegenstrategien:

Die Andeutung klarmachen und ihr widersprechen:

 Beispiele: *„Sie haben nicht begründet, weshalb ein realistischer Vorschlag angeblich nicht …"* oder *„Sagen Sie klar: Ist es eine Lüge oder nicht …"*

Auffordern, die Andeutungen zu belegen:

 Beispiel: *„Sie haben von vielen peinlichen Fehlern gesprochen, aber nicht einen dargestellt."*

Die Beleidigung/Unterstellung aufzeigen, die in der Andeutung steckt:

 Beispiel: *„Wenn sie von vielen peinlichen Fehlern sprechen, die ich angeblich begangen haben soll, stellen Sie mich indirekt als Dummkopf dar. Bitte, setzen Sie sich doch auf sachlicher Ebene mit mir auseinander …"*

Versteckte Ablehnung oder die „Ja, aber"-Technik:

Beispiele: *„Grundsätzlich ist dein Vorschlag gut, aber im Augenblick …"* oder *„Ich bin ja auch dafür, dass unsere Schüler gut abschneiden, aber Noten verschenken werde ich nicht …"* oder *„Das klingt ja gut, aber ich kann mir nicht vorstellen, dass die Klasse damit einverstanden ist …"*

Gegenstrategien:

Nachfragen, genauere Auskünfte verlangen, da die Botschaft ja selbst widersprüchlich ist:

 Beispiele: *„Weshalb ist ein guter Vorschlag im Augenblick nicht zu realisieren?"* oder *„Welche Einwände aus der Klasse stellen Sie sich vor?"*

Den Widerspruch der „Ja, aber"-Botschaft aufzeigen:

 Beispiel: *„Mir ist nicht klar, worauf Sie hinauswollen? Gute Noten oder Leistungsanforderungen …"*

Verstecktes Drohen: Zustimmen, um Strafen zu vermeiden:

Beispiele: *„Befürworten Sie nicht auch die moderne pädagogische Ausrichtung unserer Schule?"* oder *„Unser gutes Verhältnis sollte sich auch bei der folgenden Aktion fortsetzen …"* oder *„Sie als Kandidat für eine Studiendirektorenstelle sollten sich einer Regelung nicht entgegenstellen, die auch von der Stadt gewünscht wird."*

Gegenstrategien:

Man kann zunächst die Unterstellung/Behauptung, die in der versteckten Drohung beinhaltet ist, klarmachen oder widerlegen oder die Drohung selbst direkt ansprechen:

 Beispiele: *„Innovationen begrüße ich schon, nur sehe ich nichts Innovatives in diesem Vorschlag."* oder *„Ich fände es bedauerlich, wenn Sie unser gutes Verhältnis von meiner Einstellung zu der geplanten Initiative abhängig machten."* *„Meinen Sie damit, dass meine mögliche Beförderung von meiner Haltung zu dieser Regelung abhängt?"*

Die eigene Person an das Argument hängen:

Beispiele: *„Seit Wochen arbeite ich an der Konzeption für unsere Mittelstufe, und nun soll alles falsch sein?"* oder *„Du wirst mir doch nicht unterstellen, dass ich nur Unsinn erzähle?"*

Gegenstrategie:
Personen und Sachen trennen:

 Beispiele: *„Ich weiß doch, welche Mühe Sie sich gegeben haben, nur – in diesem Punkt sehe ich die Sache anders …"* oder *„Nein, ich glaube nicht, dass Sie Unsinn erzählen, ich meine aber, dass Sie in der Sache nicht richtig liegen …"*

Kritiker verunsichern/runtermachen:

Beispiele: *„Bevor Sie mich kritisieren, machen Sie es erst mal besser."* oder *„Unser junger Kollege kritisiert eine Praxis, die sich an dieser Schule bewährt hat."* oder *„Glauben Sie das eigentlich wirklich?"*

Gegenstrateglen:
Führen Sie den anderen auf die Ebene der Argumentation zurück:

 Beispiele: *„Bitte gehen Sie erst mal auf meinen Vorschlag inhaltlich ein, bevor Sie mich als Person angreifen."* oder *„Mein Vorschlag wird nicht deshalb schlechter, weil ich jung bin."*

Versuchen Sie es mit Witz:

 Beispiel: *„Dürfen nur alte Lehrer neue Vorschläge machen?"*

Umgang mit direkten Angriffen und Beschimpfungen

Günther und Sperber gehen nicht darauf ein, wie mit direkten Angriffen und Beschimpfungen umzugehen ist. Wahrscheinlich wird in den Schulen mit härteren Bandagen gekämpft, denn auf Fortbildungen wurde ich von Kollegen wiederholt um Hilfe gebeten, wie sie auf Beschimpfungen reagieren sollten. Die Beispiele und Antworten wurden z.T. zusammen mit Kollegen während Lehrerfortbildungen entwickelt.

▶ Direkte persönliche Angriffe und Beschimpfungen

Beispiele: *„Sie sind ausländerfeindlich!" – „Sie sind unfähig!" – „So, wie Sie rumlaufen, können Sie keine Autorität haben ..."*

Die möglichen Gegenstrategien sind geordnet worden. Zunächst werden mögliche deeskalierende Gesprächsmuster aufgezeigt, anschließend Techniken, die in ihrer Wirkung insgesamt als neutral einzuordnen sind, dann wird der Angreifende mit seinen Gesprächsstrategien konfrontiert und abschließend werden mögliche Gegenangriffe gezeigt:

Deeskalation

a) Ignorieren, weggehen, keine Miene verziehen (für Lehrer selten sinnvoll). Besser ist, einen Angriff aktiv zu ignorieren: *„Auf diese Art führe ich kein Gespräch."*

b) Nach Ursachen fragen: *„Weshalb sind Sie eigentlich ärgerlich auf mich?*

c) Dem anderen die Berechtigung absprechen: *„Woher nehmen Sie eigentlich das Recht, über mein Äußeres zu urteilen?"*

d) Dem Gegenüber klarmachen, dass man keine Lust auf einen Streit hat: *„Ich möchte mich gerne mit Ihnen über ... unterhalten und ich will nicht, dass das Gespräch in einem unfruchtbaren Streit endet."*

e) Den Vorwurf, die Beschimpfung konkretisieren lassen: *„Woran machen Sie Ihren Vorwurf, ich sei ausländerfeindlich, eigentlich fest?"*

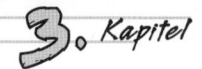

Neutrale Strategien

f) Einen Gegenangriff andeuten: *„Wären Sie damit einverstanden, wenn ich Sie als deutschfeindlich bezeichnete." – „So können wir nicht sinnvoll miteinander reden oder würden Sie akzeptieren, wenn ich Ihnen unterstellte, dass Sie bei Ihrem Kind keine Autorität haben?"*

g) Nach dem Ziel des Angriffs fragen: *„Mir ist nicht klar, weshalb Sie mich in dieser Form angreifen. Bitte sagen Sie mir doch, was Sie damit erreichen wollen."*

Konfrontation

h) Die Wirkung des Angriffes thematisieren: *„Glauben Sie, dass sich irgendetwas ändert, wenn Sie mir … vorwerfen?"* Oder aggressiver: *„Meinen Sie denn im Ernst, dass mich ihre Aussagen über meine Kleidung zu einem anderen Outfit überreden könnten?"*

i) Die Unhaltbarkeit des Angriffs herausstellen: *„Aha, ich bin also Ihrer Meinung nach unpassend angezogen und besitze keine Autorität. Woher wissen Sie das eigentlich? Und setzen Sie selbst die Standards für das Auftreten von Lehrern?"*

▶ Gegenangriff führen

Den Gegenüber mit einem Gegenangriff zu konfrontieren klappt nur, wenn man innerlich ruhig bleibt. Es macht nur einen Sinn, wenn es darum geht, sich zu behaupten. Oft tun Gegenangriffe zunächst psychisch gut, bewirken aber nur selten etwas Vernünftiges. Im ersten Beispiel legt der Gegenangriff jedoch die Regel für ein Gespräch fest: *„Ich weiß nicht, ob Ihnen klar ist, dass in meinen Augen der Vorwurf, ausländerfeindlich zu sein, eine schwere Beleidigung ist. Ich hole jetzt einen Kollegen/die Schulleitung und fordere Sie dann auf, diesen Vorwurf vor Zeugen zu wiederholen." – „Meinen Sie wirklich, bei Ihrem Aussehen, Sie seien die geeignete Person, mir Vorschriften über meine Kleidung zu machen? – „Welche Probleme macht Ihnen eigentlich mein Aussehen?"*

Fazit ▶▶▶▶▶▶▶▶

Beschimpfungen sind ärgerlich, treiben den Adrenalinspiegel hoch, sie sind aber eigentlich harmlos, weil sie leicht auszuhebeln sind, denn der Beschimpfende setzt sich allein durch sein Schimpfen ins Unrecht und zeigt Schwächen. Entweder kontrolliert er nicht seine Emotionen oder er ist so schwach, dass er Beschimpfungen nötig hat. Von daher wirken die deeskalierenden Entgegnungen souverän und zeigen Selbstsicherheit. Nur in Ausnahmefällen sollte deshalb von aggressiven Gesprächsmustern Gebrauch gemacht werden.

▶ Ergänzung: Umgang mit harten Angriffen

Es gibt jedoch auch Angriffe, die weit über das Maß üblicher Beschimpfungen hinausgehen. Manchmal erfolgen sie auch durch Schüler. An einem extremen Beispiel können exemplarisch mögliche Reaktionen auf einen solchen Angriff aufgezeigt werden.

In einer Sonderschule betrat die Lehrerin, Frau Werner, den Raum ihrer 9. Klasse. Schon auf den ersten Blick bemerkte sie, dass etwas nicht stimmte. Mehmet, ein 15-jähriger Libanese, dessen Familie die Abschiebung droht, stand vorne an ihrem Pult. Auf die Stirn hatte er einen 100-Euro-Schein geklebt. Die Klasse wirkte gespannt, verunsichert. Mehmet wartete, bis Frau Werner ihm gegenüberstand, dann verringerte er die Distanz, sodass sein Mund nur wenige Zentimeter vor ihrem Gesicht war. Er öffnete die Lippen, wie zum Kuss, drehte sich dann aber zur Klasse:

„Ich habe es euch gesagt: Für Geld macht die alles. Frau Werner, wenn du mich küsst, kriegst du die 100 Euro. Garantiert."

Mit gespitzten Lippen näherte sich Mehmet wiederum Frau Werners Gesicht.

Für mich bieten sich in diesem Fall drei unterschiedliche Handlungsoptionen an. Welche zu treffen ist, ist individuell und situativ zu entscheiden.

– aber …!

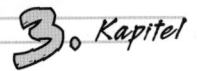

Frau Werner verliert keinesfalls an Autorität, wenn Sie umgehend den Raum verlässt, um dann gemeinsam mit einem männlichen Kollegen oder dem Schulleiter zurückzukehren und Mehmet, mit einem Begleitschreiben an seine Eltern, sofort nach Hause schickt. Es ist eine Illusion, anzunehmen, dass sich alle schwierigen Fälle kommunikativ lösen lassen.

Exkurs:

Nicht alles lässt sich ausschließlich mit den Bordmitteln der Schule reparieren. Bei Erpressung, Schutzgeldforderungen, schwerem Diebstahl, Drogenhandel, gravierenden sexuellen Übergriffen, schwerer Körperverletzung ist die Tat anzuzeigen. Die Polizei hat inzwischen viele kompetente Beamte, die wissen, wie mit delinquenten Jugendlichen umzugehen ist. Auch werden kriminelle Aktionen dann entsprechend sanktioniert. Ein energisches Vorgehen von Schulen stärkt in solchen Fällen das Ansehen der Schule und fügt ihm deutlich weniger Schaden zu, als wenn alles unter den Teppich gekehrt würde. Vielen Jugendlichen wird dann erst klar, dass Drogenhandel auf dem Schulhof kein Kavaliersdelikt ist, das folgenlos bleibt.

Eine andere Möglichkeit hätte in der direkten Konfrontation mit Mehmet bestehen können. Frau Werner hätte Mehmet fragen können, was er mit dieser Aktion beabsichtige: Ob er sich an ihr rächen wolle – wenn ja, dann möchte sie sofort wissen, für was. Ob er Frauen gerne demütige oder ob er es nötig habe, vor der Klasse den wilden Mann zu machen.

Frau Werner hatte mit Erfolg eine andere Variante gewählt. Sie sprach die Klasse an, ohne Mehmet, der schnell den Angriffsschwung einbüßte, weiter zu beachten. *„Ihr erwartet von mir, fair behandelt zu werden, und eigentlich tue ich das auch. Könnt ihr mir sagen, was das soll? Findet ihr in Ordnung, wie sich Mehmet hier verhält? Warum lasst ihr das dann zu?"* Die Ansprache hatte Erfolg. Mehmet wurde von den Mitschülern aufgefordert, „den Scheiß" zu lassen, und setzte sich. Seine Eltern wurden zu einem Gespräch einbestellt.

Man muss kein Held sein ...

▶ Eine Unterrichtsstunde gegen Beschimpfungen

In vielen Klassen sind Beschimpfungen zwischen Schülern alltäglich. Deshalb soll hier ein Stundenkonzept vorgestellt werden, in dem auf Beschimpfungen zwischen Schülern eingegangen wird.

Stundenkonzept: Umgang mit Beschimpfungen

Stundenziel: Diese Stunde soll angegriffenen Schülern helfen, sich gegen Beschimpfungen zu wehren. Dabei sollen Sie auch erkennen, dass Beschimpfungen in der Regel Ausdruck von Schwäche sind.

Einstieg: Sie nennen der Klasse das Stundenziel: Heute geht es uns bei dem Thema Beschimpfungen in der Klasse nicht darum, das Fehlverhalten Einzelner herauszustellen, sondern darum, allgemein etwas über Beschimpfungen zu lernen – übrigens nicht, wie man am besten schimpft.

Erarbeitung: Sie bitten die Klasse, eine typische Beschimpfung zu nennen und schreiben sie dann an die Tafel. Aber Achtung: Hüten Sie sich, einen Katalog abzufragen, sonst geht die Stunde aus dem Ruder und die Klasse brüllt nur noch Schimpfwörter. Hier wird der Beispielsatz gewählt: *„Du bist der größte Schleimer der Klasse."*

Dann wählen Sie zwei Fantasienamen, also Namen von Schülern, die nicht zur Klasse gehören, hier Marion und Mona, um mögliche Albernheiten oder gar Attribuierungen zu vermeiden. Fragen Sie, was der Satz über Mona aussagt: Weisen Sie alle Spekulationen über Monas Verhalten zurück. Hier wird nichts über Mona selbst deutlich, sondern nur die Fantasien und die Wut Marions. Lassen Sie danach die Schüler zu zweit überlegen, was der Satz über Marion aussagt. Geben Sie 5 Minuten Zeit, sammeln Sie die Ergebnisse an der Tafel; dies könnte dann so aussehen:

Marion sagt zu Mona: *„Du bist die größte Schleimerin der Klasse."*
Was sagt der Satz aus über

Marion?	Mona?
Marion ist neidisch auf M.s Noten, aggressiv, vermutlich eine schlechte Schülerin, will M. bloßstellen usw.	Der Satz sagt nichts über Mona, oder lässt vermuten, dass sie guten Noten hat.

– aber ...!

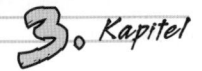

Hier ist darauf zu achten, dass die Deutungen klar auf das Beispiel bezogen werden. Dann stellen Sie der Klasse folgende Frage: „*Welche Folgerungen über Beschimpfungen allgemein lassen sich aus diesem Beispiel ziehen?*"

Schreiben Sie richtige Antworten an die Tafel, was ungefähr so aussehen könnte:

> ➔ Beschimpfungen sagen viel aus über den Beschimpfer, nichts über den Beschimpften.
>
> ➔ Beschimpfer haben es nötig, andere runterzumachen.

Sie können dann auf andere typische Beschimpfungen ansprechen:
Möglich wären hier Kleingruppenarbeiten (4 – 6 Schüler) unter folgenden möglichen Fragestellungen:

1) Was machen Angeberbeschimpfungen („*Hast du miese Eltern, habt ihr ein billiges Auto, billige Klamotten …*") über den Beschimpfer klar?

2) Was machen sexuelle Beschimpfungen („*Fick dich, du bist schwul, lesbisch, notgeil …*") über den Beschimpfer klar?

3) Welche Folgen haben Beschimpfungen, die immer wieder vorkommen, für die gesamte Klasse?

Mögliche Antworten könnten lauten:

1) Hat's nötig, sich hinter dem Reichtum der Eltern zu verstecken, weil er hohl ist, nichts drauf hat; Standesdünkel, eingebildet, aggressiv usw.

2) Hat offensichtlich Probleme mit der eigenen Sexualität, denn sonst würde er andere deswegen nicht bloßstellen müssen.

3) Schafft miesen Umgangston, schlechte Stimmungen, bringt die Leute gegeneinander auf, man kann nicht offen reden, weil man immer befürchten muss, niedergemacht zu werden, produziert Wut aufeinander usw.

Vertiefung und Reflexion:

Stellen Sie anschließend die folgende offene Aufgabenstellung
für Kleingruppenarbeiten:

1) Welche Auswirkungen haben häufige Beschimpfungen
für die Klassengemeinschaft?

2) Was können wir als Klasse tun, damit Beschimpfungen
seltener werden?

Sichern Sie die Ergebnisse auf der Tafel oder auf Flipchartbögen (die kann
man in der Klasse hängen lassen). Weisen Sie Unsinniges zurück. Nach
meinen Erfahrungen arbeiten die Gruppen ernsthaft und gelangen zu
guten Ergebnissen, wenn die Stunde vorher wie skizziert abläuft.

▶ Klassentraining: Wie Schüler lernen, mit Beschimpfungen umzugehen

Abschließend können Sie mit der Klasse trainieren, wie man auf Beschimpfungen reagieren kann. Die Beispiele aus dem vorherigen Kapitel
könnten auf Schüler bezogen etwa so aussehen (einige Aussagen werden
Ihnen sicherlich hart erscheinen, passen aber in den Alltag von Schulen).

Das Training kann folgendermaßen durchgeführt werden: Sie teilen die
beiden Arbeitsblätter (S. 128/129) an die Schüler aus, besprechen die
einzelnen Antworten und bitten sie dann,
in Partnerarbeit entsprechend den
Vorgaben des Arbeitsblattes Antworten auf eine Beschimpfung,
die die Partner selbst auswäh-
len, zu geben. Sie können
nachher in einem Rollen-
spiel vor der ganzen Klasse
vorgeführt werden.

---- Arbeitsblatt 1 ----

Wie kann ich auf Beschimpfungen reagieren?

Es ist eigentlich leicht, mit üblen Sprüchen umzugehen, weil der Angreifer schon von Anfang an im Unrecht ist und in der Regel so schwach als Person ist, dass er es nötig hat, andere runterzumachen. Einige der besonders üblen Sprüche werden hier genannt, um zu zeigen, wie man dagegen vorgehen kann: *„Du bist schwul."* oder *„Du schwule Sau."* – *„Deine Mutter ist billig!"* – *„Wie läufst du denn rum, du Mongo, du siehst scheiße aus."* Gegen solche Sprüche kannst du dich auf unterschiedliche Art und Weise wehren.

Am meisten Sinn macht es, den Streit herunterzufahren. Dabei kannst du so vorgehen:

A) Ignoriere die Beschimpfung, gehe weg, verziehe keine Miene oder sage laut: *„Auf den Quatsch habe ich keinen Bock …"* Das wirkt, weil der Angreifer nicht den gewünschten Erfolg hat, es ärgert sich nämlich keiner.

B) Wenn dich Leute beschimpfen, mit denen du dich sonst gut verstehst, kannst du auch nach Ursachen dafür fragen: *„Weshalb bist du eigentlich sauer auf mich?"*

C) Es hilft auch, wenn du dem anderen das Recht absprichst, so zu reden: *„Woher nimmst du eigentlich das Recht, über meine Klamotten zu lästern? Ich zieh an, was ich will!"* oder *„Meine Mutter geht dich nichts an. Ich lästere auch nicht über deine."* Wenn du dabei ruhig bleibst, wird vor allem den Zuhörern deutlich, wie dämlich der Angriff ist.

D) Manchmal hilft es auch, dem Gegenüber klarzumachen, dass du keine Lust auf einen Streit hast: *„Du, ich weiß nicht, was du von mir willst, aber ich habe keine Lust, mit dir zu streiten …"*

© Verlag an der Ruhr | Postfach 102251 | 45422 Mülheim an der Ruhr | www.verlagruhr.de | ISBN 3-8346-0064-4

Man muss kein Held sein …

─── Arbeitsblatt 2 ───

Die folgenden Techniken gehen direkt auf den Angreifer ein. Du solltest sie mit Vorsicht genießen, denn sie können den Streit weiter anfachen!

E) Du kannst zum Beispiel einen Gegenangriff andeuten: *„Wie fändest du es, wenn ich über deine Klamotten ablästerte? So toll sind die wirklich nicht."* oder *„Möchtest du, dass ich über deine Mutter herziehe?"* – *„Wieso kommst du eigentlich darauf, dass ich schwul bin? Beobachtest du gerne andere Männer?"* oder *„Wieso interessierst du dich eigentlich so für meine Sexualität?"*

F) Manchmal hilft es, einen Gegenangriff zu führen, der nicht beleidigt, sondern den Angriff selbst zum Thema macht: *„Was hast du eigentlich davon, dass du mich beschimpfst? Brauchst du das?"* oder verschärft: *„Hast du es eigentlich nötig, andere runterzumachen?"* – *„Du kennst meine Mutter nicht einmal. Was bringt dir das, wenn du hier Sprüche über sie ablässt?"*

G) Du kannst auch die gewünschte Wirkung des Angriffes ansprechen: *„Glaubst du wirklich, dass mich das ärgert, wenn du …?"*

H) Ähnlich wirkt es, wenn du die Dämlichkeit des Angriffs herausstellst: *„Aha, ich bin also ein Mongo. Was Klügeres fällt dir wohl nicht ein? Tolle Idee, woher hast du nur die coolen Einfälle? Fällt dir noch was Witziges ein?"*

Mit Risiko verbunden ist es, wenn du einen harten Gegenangriff führst.

Das klappt nur, wenn du innerlich ruhig bleibst, keine körperlichen Angriffe zu fürchten hast und sprachlich gut drauf bist: *„Du, ausgerechnet du, lästerst über meine Klamotten. Habt ihr keinen Spiegel zu Hause oder woher nimmst du bei deinem Aussehen den Mut?"* – *„Du siehst wohl überall Schwule. Wünschst du dir das so sehr? Wie lange hast du schon deine sexuellen Probleme?"*

© Verlag an der Ruhr | Postfach 102251 | 45422 Mülheim an der Ruhr | www.verlagruhr.de | ISBN 3-8346-0064-4

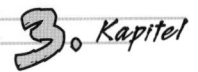

Verhalten spiegeln

Dieses kommunikative Mittel basiert darauf, empathisches Verhalten zu aktivieren. Es geht über das rein sprachliche Spiegeln hinaus, bei dem in erster Linie die Aussagen des Gegenübers zusammengefasst wiedergegeben werden. Hier ist es Ziel, dass mein Gegenüber dazu gebracht wird, sein eigenes Verhalten aus der Sicht eines Dritten, seines Konfliktpartners zu sehen. Also nicht ich spiegele wider, indem ich Aussagen zusammenfasse, sondern mein Gegenüber wird dazu gebracht, sein Verhalten mit anderen Augen zu sehen, zu empfinden.

Ziel ist, dass der Betreffende erfährt, wie sein Verhalten auf andere wirkt, wie es wahrgenommen wird. Gelingt es beispielsweise, einen Aggressor dazu zu bewegen, sich in die Rolle seines Opfers zu versetzen, so wird er empfinden, wie verletzend für den anderen sein Vorgehen ist, und er wird es letztlich einstellen. Dabei ist der häufig geäußerte Vorschlag: *„Versetz dich mal in die Rolle von …"*, nur selten von Erfolg gekrönt. Denn oft verspüren die Kontrahenten gegenseitige Aggression, die echtes empathisches Verhalten verhindert. Deshalb sollte das Spiegeln von Verhalten vorbereitet werden. Das kann durch die Veranschaulichung eines Vorfalls geschehen, die aber nur dann den Adressaten erreicht, wenn sie sachlich, klar und ohne Schuldzuweisungen erfolgt. Im anderen Fall würde der Adressat sich zu Gegenpositionen oder zu innerem Widerstand herausgefordert sehen. Oft schafft auch der Bericht des Opfers, der die jeweilige Betroffenheit zeigt ohne anzuklagen, die Voraussetzung für ein erfolgreiches Spiegeln von Verhaltensweisen.

1

Ein Lehrer führt ein Gespräch mit einem Schüler aus der 10. Klasse, der wiederholt seine Hausaufgaben nicht erledigt und wiederholt Besserung gelobt hat. Er vereinbart mit ihm ein Gespräch am Ende der Stunde, allein:

„Christof, dir ist sicher klar, weshalb ich mit dir sprechen will."
*„Mmmh, wegen der Hausaufgaben. Aber das heute, das war Pech …
Ich habe sie wirklich gemacht."*

„Christof, es geht mir nicht um heute, sondern um deine Arbeits-
haltung. Wenn ich richtig liege, und da bin ich mir sicher, bist du
in diesem Halbjahr das 6. Mal ohne Hausaufgaben."

„Ja, schon, aber heute …"

„Bitte, Christof, können wir nicht ernsthaft miteinander reden?
Es geht mir nicht um eine einzelne Hausaufgabe. Du hast mir drei
oder vier Mal versprochen, dass es nicht mehr vorkommen würde,
dass du hier ohne deine Hausaufgaben erscheinst."

„Ja, das stimmt schon, aber meistens war das Pech."

„Ich kann da kein Pech entdecken. Ich weiß nur, dass du mir
mindestens drei Mal ernsthaft versprochen hast, dass du in
Zukunft deine Hausaufgaben erledigen willst, und jedes Mal hat
es nicht geklappt."

„Also, ganz bestimmt, das kommt nicht wieder vor."

„Wenn dir jemand drei Mal etwas verspricht und bricht jedes
Mal sein Versprechen, was würdest du von dem denken?"

„Weiß ich nicht." (Pause) „Gut fände ich das nicht."

„Gut finde ich das auch nicht. Meinst du übrigens, ich würde dich
gern ‚lang machen'?"

„Nein."

„Dann sag mir mal, wie ich mit dir umgehen soll? Ich bin da,
ehrlich gesagt, etwas ratlos."

„Vielleicht, wenn Sie mir ein Protokoll aufgeben?"

„Ja, vielleicht. Meinst du, es macht mir Spaß, dich zu bestrafen?"

„Nein, wohl nicht."

„Und wenn du dich selbst ansiehst: Meinst du ein Protokoll würde
deine Arbeitshaltung verbessern?"

„Wohl auch nicht besonders."

„Da wären wir uns wohl einig. Was ist denn deiner Meinung wohl
mein Hauptproblem mit dir?"

„Dass ich, dass ich faul … nein, dass Sie meinen, dass Sie mir nicht mehr
glauben können."

„Würde ich auch sagen. Dann überleg mal, wie du mich von deiner
Glaubwürdigkeit überzeugen kannst."

– aber …!

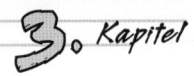

2

Ein Lehrer hat zwei Schüler aus der 6. Klasse zu einem Schlichtungsgespräch gebeten. Thomas ist über Monate von Martin und anderen als schwul angegriffen worden, wobei Martin sich besonders hervortat. Der Lehrer hat das Gespräch mit Thomas folgendermaßen vorbereitet: Er bat ihn darum, sich an einige besonders schlimme Ereignisse zu erinnern und ihre Darstellung so zu gestalten, dass sich keiner direkt angegriffen fühlen sollte, also sagen, was ihm passiert ist, aber ohne jemanden namentlich anzuklagen. Am Anfang des Gesprächs hat Martin sich vehement verteidigt. Er wisse gar nicht, weshalb gerade er hier sei und nicht die anderen. Er hätte sicher auch mal Thomas geärgert, aber das sei ja meistens Spaß gewesen.

„Thomas, kannst du mal erzählen, wie die Späße deiner Mitschüler bei dir ankamen?"

„Am letzten Dienstag hatten wir in der 5./6. Stunde Sport. Wir zogen uns um. Einige lachten und dann hörte ich, wie einer sagte: ‚Jetzt ist unser Schwulibert aber glücklich. Lauter nackte Männer.' Dann lachten alle. Ich wollte mich nicht drum kümmern und wollte noch vor dem Sport auf die Toilette. Da stellten sich mir zwei in den Weg. ‚Hier kommt kein Schwuler rein. Wir wissen doch, was du willst, du Sau.' Ich wollte mich an denen vorbeidrücken, aber da wurde ich von hinten festgehalten. Und jemand zog meine Turnhose runter. Ich musste dann weinen, weil … alle waren gegen mich. Nur so. Und dann sagte einer zu mir: ‚Typisch Schwuler, du heulst wie ein Mädchen'."

Thomas kämpfte wieder mit den Tränen, sprach nicht weiter.

„Martin, meinst du das mit Spaß?"

Martin zog sich regelrecht in sich zusammen, sagte eine Weile nichts.
„Nein, das nicht … das war …"

„Martin, ich weiß nicht, was deine Rolle bei der Sache war, das weißt du am besten. Stell dir bitte mal vor, man hätte dasselbe mit dir gemacht. Alle würden über dich lachen, dich als Schwulen beschimpfen. Und jetzt denk mal an dein eigenes Verhalten: Wie würdest du dich sehen?"

„Als ziemlich mies."

Konfrontieren

Spiegeln von Verhalten und Konfrontieren mit eigenem Verhalten basieren auf unterschiedlichen Zielen. Bei der Konfrontation geht es darum, Verhaltensweisen, die nicht zu akzeptieren sind, zu unterbinden. In der Konfrontation ist deshalb mit dem Widerstand des anderen zu rechnen. Eine Konfrontation kann zum inneren Rückzug, zur Scheineinsicht oder zu Aggressionen führen. Sie sollte nur angewandt werden, wenn ein gravierendes Fehlverhalten vorliegt, wie Diebstahl, fortgesetztes Mobbing, geplante Körperverletzung usw. Geht es beim Spiegeln darum, den anderen dazu zu bringen, sich aus der Sicht eines Dritten mit dem eigenen Verhalten auseinander zu setzen, ist die Konfrontation eine Form der Verhaltenskritik. Sie zeigt Widersprüche und mangelnde Konsequenz, Unaufrichtigkeiten und Ausweichen auf.

Eine erfolgreiche Konfrontation basiert auf einer grundlegenden gegenseitigen Akzeptanz der Person des anderen, nicht seines aktuellen Verhaltens. Befinden sich beide Konfliktpersonen in einem gespannten Verhältnis zueinander, wird die Konfrontation als Angriff oder Beleidigung zurückgewiesen, auch wenn sie sachlich gerechtfertigt erscheinen mag. Deshalb sollte man, wenn ein Konfrontationsgespräch notwendig wird, unbedingt sachlich, ruhig und klar bleiben, auch wenn es schwer fällt. Bestimmte kommunikative Techniken helfen bei der Durchführung eines Konfrontationsgespräches:

➜ **Trennung: Verhalten und Person**
   (*„Das Verhalten ist mies, nicht du …"*)
➜ **Beschreiben statt bewerten**
➜ **Ich-Botschaften**
➜ **Perspektivwechsel**
➜ **Eigenverantwortlichkeit einklagen**
   und auf der Eigenverantwortlichkeit des Handelnden bestehen (*„… du musstest nicht, du hast dich dazu entschieden. Es geht hier um dein Verhalten. Kannst du nicht anders darauf reagieren? Wer hat dich denn dazu gezwungen? Handelst du nur, weil die anderen das so wollen? Ist das ein Grund, sich so zu verhalten, nur weil …?"*)

– aber …!

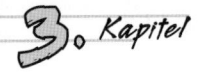

➡ **Unterschied zwischen Darstellung und Realität benennen**
(*„Du erzählst, du hättest Michael nur leicht weggestoßen, wie kannst du dir dann erklären, dass er aus der Nase blutete? Du hast gesagt, dass alles nur Spaß war, aber alle haben gesehen, dass Monika dabei geweint hat. Wo war denn da Spaß? Du hast Jochen aus Versehen verletzt, sagst du. Wo ist das Versehen, wenn du jemanden trittst, der auf dem Boden liegt?"*)

➡ **Nachfragen, bohren** (*„Noch einmal: Woher nimmst du das Recht … Und du glaubst, dass ich dir das glaube? Wie vergessen? Das Ganze liegt drei Tage zurück und du erzählst mir was von vergessen? … Was bitte, willst du denn anders machen? Wie soll das aussehen?"*)

➡ **Konsequenzen einfordern** (*„Was willst du ändern, damit ich dir in Zukunft glauben kann? Meinst du, dass es reicht, sich hier zu entschuldigen?"*)

Das folgende Gespräch ist typisch für die Arbeit in Klassen, wenn ein Mobbingfall aufgedeckt und besprochen wird. Hier kann eine Konfrontation einen Sinn machen, um das passive Hinnehmen von Übergriffen zu kritisieren, das in Schulklassen sehr verbreitet ist. Ein Schüler meldet sich zu Wort:

„Ich habe ja versucht, gegen Mobbing vorzugehen. Ehrlich. Ich wollte ja, dass die damit aufhören. Aber es hat nichts genützt. Gegen Mobbing kann man als Einzelner auch gar nichts machen."

„Was hast du denn genau unternommen?"

„Als sie die Susanne wieder mit Sprüchen runtergemacht haben, habe ich gesagt: ‚Hört doch auf damit.'"

„Und dann?"

„Dann haben die Drei gesagt: ‚Was geht dich das an, halt dich da bloß raus!'"

„Und dann?"

„Wie? Dann habe ich mich auf meinen Platz gesetzt."

„Und was hast du noch gemacht?"

„Nichts mehr. Ich hatte denen ja gesagt, dass sie aufhören sollten. Aber das hat nichts genutzt."

„Und damit war dein Versuch, das Mobben zu stoppen, zu Ende?"
„Ja."
„Meinst du, dass das ein ernsthafter Versuch war?"
„Doch, schon, ja."
„Wenn es dir wirklich ernst war, gegen das Mobbing vorzugehen,
warum hast du dann aufgehört?"
„Weil, ich hatte doch gemerkt, dass das nichts bringt, dass man
alleine nichts dagegen machen kann."
„Wieso kommst du darauf, dass du alleine gegen das Mobbing
warst? Hast du dich mit anderen Mitschülern abgesprochen?"
„Nein, das nicht, aber die anderen haben ja nichts gesagt."
„Sie zu fragen ging wohl nicht?"
„Doch, aber …"
„Du hast einmal die Mobber angesprochen, nicht mehr, und
daraus gefolgert, dass nichts zu machen ist? Hätte es keine
anderen Möglichkeiten gegeben, Susanne zu helfen?"
„Doch, schon … klar. Ich hätte mit ihr reden können, mit dem Lehrer
… mit anderen …"
„Wenn dir das sofort einfällt … kannst du mir einen Grund nennen,
weshalb du nichts davon gemacht hast?"
„Mmmh, ich glaube, ich hatte Angst. Vielleicht war es mir wohl nicht
so wichtig, Susanne zu helfen."
„Vielleicht?"
„Nein, es stimmt. Ich hätte da mehr machen können …"

– aber …!

Man muss kein Held sein …

4. Kapitel

Konflikttechniken

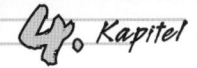
Auch ein Lehrer sollte nicht stören

Viele Konflikte zwischen Lehrer und Schüler haben ihren Ursprung in Unterrichtsstörungen. Um Störungen präventiv zu begegnen, hilft ein Rückgriff auf bekannte, fast banale Konzepte: Ein Unterricht, der klar strukturiert ist, der Schüler angemessen fordert, der methodisch variiert, der gut organisiert ist, der neue Kenntnisse vermittelt und die Interessen der Schüler trifft, wird weniger gestört, als ein Unterricht, der diese Qualitäten nicht aufweist. Allerdings: Guter Unterricht reduziert Störungen und auch Mobbing, denn Langeweile reizt dazu, Langeweile durch Nebentätigkeiten abzubauen, jedoch verhindert guter Unterricht nicht grundsätzlich Störungen.

Als Beispiele für Störungen und undiszipliniertes Verhalten, das Störungen hervorruft, werden von Lehrern besonders häufig genannt: zu spät kommen, ungefragt sprechen, Privatgespräche führen, ablenken, abschweifen, dazwischen reden, Sachen vergessen, schlecht vorbereitet sein, beschimpfen, in die Klasse brüllen, Nebentätigkeiten verfolgen usw. Nur, wie oft praktizieren Lehrer selbst diese Störungen? Meine Referendare hatten einen Beobachtungsauftrag, um Lehrerverhalten zu untersuchen. Eine statistische Auswertung ist wegen der geringen Stichprobengröße nicht zulässig. Trotzdem sind einzelne Beobachtungen bedenklich. Pünktlicher Unterrichtsbeginn ist die Ausnahme. Besonders während Gruppenarbeitsphasen stören Lehrer, indem sie die Gruppentätigkeiten unterbrechen oder Schüler in Einzelgespräche verwickeln. Es stört nämlich den Unterricht, wenn Lehrer regelmäßig verspätet erscheinen; es stört, wenn Lehrer bei Gruppenarbeiten mit einzelnen Schülern laut über die Bundesliga debattieren, und Lehrer stören, die sich während selbstständiger Schüleraktivitäten mit ihrem Handy beschäftigen. Auch hier fungieren Lehrer als Vorbild und als Beispiel.

Störungen werden auch durch eine schlechte Unterrichtsorganisation hervorgerufen. Langes Warten, bis die Texte verteilt werden, bis in das Klassenbuch eingetragen wird, bis der Film eingelegt wird, bis der Lehrer die entsprechende Textstelle gefunden hat, sind immer Anlass für Unterrichtstörungen.

▶ Auf Störungen direkt reagieren

Es gibt vielfältige Wege, auf Unterrichtsstörungen zu reagieren. Nur sollte dabei eine Faustregel gelten: **Auf Störungen ist unmittelbar zu reagieren, keine Störung ist zu ignorieren.** Allerdings müssen Sie keinesfalls auf jede Störung pädagogisch oder gar mit Strafen reagieren. Oft genügt es, wenn Sie dem Schüler unauffällig signalisieren, dass Sie das störende Verhalten wahrnehmen. Übersehen Sie Störungen, glaubt die Klasse, einen Freiraum zu haben, entweder, weil Sie nichts mitbekommen, oder weil Sie Störungen zulassen, und sie verhält sich dementsprechend.

Unterhalten sich Schüler, während Sie etwas vortragen, können Sie beispielsweise

- beide mit erhobener Stimme mit ihrem Namen ansprechen (wirkt aggressiv),
- beide mit ihrem Namen ansprechen, die Stimme senken und dabei lächeln (wirkt besänftigend),
- eine Sprechpause einlegen und beide dabei anlächeln,
- eine Sprechpause einlegen und gezielt streng schauen,
- beide kurz fixieren,
- die Schüler länger fixieren,
- sich zu den Sprechenden stellen,
- die Störung direkt ansprechen (*„Worüber diskutiert ihr eigentlich gerade?"*),
- die Sprechenden um Ruhe bitten,
- mit einem Witz auf die Störung reagieren (*„Entschuldigt, dass ich so lange spreche, ich bin gleich fertig, dann stör ich euer Gespräch nicht mehr."*).

Fazit

Reagieren Sie auf Störungen unmittelbar, werden diese seltener auftreten und Sie können in der Regel auf aggressives Einschreiten verzichten.

Den Ordnungsrahmen herstellen

Im theoretischen Teil wurde anfangs dargelegt, dass Lehrer keineswegs auf allgemeine, von allen Schülern verinnerlichte Verhaltensregeln zurückgreifen können. Ein klarer Ordnungsrahmen, der am besten gemeinsam mit der Klasse aufgestellt wird, wirkt hier entlastend. Zu einem Ordnungsrahmen gehört auch, wie mit nicht erledigten und nicht vorhandenen Hausaufgaben verfahren wird.

Klären Sie beispielsweise, dass es immer Teil der Hausaufgabe ist, dass das Heft und die Hausarbeit im Unterricht vorhanden sind, sparen Sie sich endlose Diskussionen über gemachte, aber leider vergessene Hausaufgaben. Wenn Sie grundsätzlich vermittelt haben, dass beispielsweise die Eltern benachrichtigt werden, wenn die Hausaufgaben zum dritten Mal innerhalb eines bestimmten Zeitraums nicht vorliegen, wird diese Maßnahme nicht als Schikane, sondern als Wahrung einer Regel gesehen. Klären Sie am Anfang, dass Zettel, die während des Unterrichts kursieren, keine Privatbriefe sind, sondern grundsätzlich gelesen und nicht ohne Sanktion hingenommen werden, dann haben Sie im Ernstfall keine Ringkämpfe um scheinbar Privates durchzustehen.
Klären Sie vor Klassenfahrten und Exkursionen definitiv, was erlaubt ist und was nicht. Das schafft mehr Verhaltenssicherheit und weniger Disziplinprobleme. Außerdem müssen Sie im Falle von Übertretungen nicht debattieren und Ihr Eingreifen oder Ihre Sanktionen werden nicht als willkürlich wahrgenommen.

Zu einem Ordnungsrahmen gehört auch allgemeine Pünktlichkeit. Sie können ihn auch durch bestimmte Rituale festlegen, wie eine bestimmte Form der Begrüßung, ein gemeinsames Betreten und Verlassen des Klassenraums usw.

▶ Den Ordnungsrahmen wahren

Schule funktioniert nur, wenn sie Handlungssicherheit, Klarheit und Regeln anbietet und einhält. Regeln werden aber nur akzeptiert, wenn Sie klar, einhaltbar und für alle Beteiligten verbindlich sind. Sie tun sich, ihren Kollegen und der Klasse einen Bärendienst, wenn Sie (besonders wiederholte) Regelbrüche ignorieren oder gar akzeptieren.

In der Wirtschaft sind dauernde Verspätungen ein Entlassungsgrund. In der Schule werden sie hingenommen. Das signalisiert keinesfalls Großzügigkeit oder Toleranz, sondern Gleichgültigkeit gegenüber schulischem Arbeiten. Natürlich soll hier kein Sanktionskatalog aufgestellt werden. Konkrete Maßnahmen ergeben sich aus einem konkreten Fall. Allerdings sollten Sie auf Verspätungen auf jeden Fall reagieren.

Zum Ordnungsrahmen der Schule, und hier gehe ich klar über die Möglichkeiten des einzelnen Lehrers hinaus, gehört unbedingt, dass die Aufsichten einheitlich und gewissenhaft wahrgenommen werden. Wenn zum Beispiel vereinbart wird, dass die Pausenhalle bei gutem Wetter in der großen Pause nicht betreten werden darf, müssen sich alle Lehrer an diesen Beschluss halten, damit nicht der Einzelne, der ihn einhält, zum Buhmann wird, anders, als die lieben Kollegen, die wegschauen.

Problematisch ist es auch, wenn in einer Schule aufsichtsfreie Räume entstehen. Konkret gemeint sind hier die Toiletten. Klar, es ist nicht schön, Schülertoiletten aufzusuchen. Das Unangenehme, das zu Recht mit der Kontrolle von Toiletten verbunden wird, hat in vielen Schulen dazu geführt, dass Toiletten gar nicht mehr kontrolliert werden oder nur so selten, dass die Schüler wissen: Heute heißt es aufpassen, da hat der Wilderkötter Aufsicht. Der schaut nach.

Deshalb sind in vielen Schulen Toiletten Räume, in denen geraucht wird, Vandalismus und Tätlichkeiten ausgeübt werden. Eine Schule hat hier eine Lösung gefunden: Nach jeder Pause kontrollieren im Wechsel 10 Schüler die Toiletten. Sie führen ein Protokollbuch, in dem Verschmutzen, fehlendes Papier, Zerstörungen, Zigarettenkippen und Rauchgeruch notiert werden. Dieses Buch ist die Basis für Kontrollen und Eingreifen der Lehrer. Dort der Vandalismus gestoppt worden, weil die Schüler sich selbst für ihre Schule verantwortlich fühlen und auch, weil die Verantwortlichen oft festgestellt werden können, da die Zerstörung sofort erfasst wird.

Die stillschweigende Übereinkunft, dass alle Menschen ihren Arbeitsplatz und zumindest ihre unmittelbare Umgebung sauber halten sollten, scheint für Schüler nicht zu gelten. Machen Sie Ihrer Klasse klar, dass sie kein Grundrecht auf Verschmutzung hat. Falls sich die Klasse nicht daran hält, lassen Sie sie selbst reinigen und sprechen Sie sich mit den Eltern ab. Der folgende Elternbrief zeigt, wie man auf Dauerverschmutzungen reagieren kann:

– aber …!

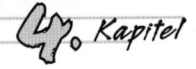

Elternbrief:

Der Klassenlehrer der 8a

Sehr geehrte Eltern,

ich bedauere es, Sie auf das Folgende hinweisen zu müssen:
Die Mehrzahl der Schülerinnen und Schüler der Klasse 8a ist auch
durch intensive Gespräche und Ermahnungen nicht zu einem Verhalten zu bewegen, das eine halbwegs zumutbare Ordnung und
Sauberkeit im Klassenzimmer ermöglicht. Regelmäßig stößt man
auf Essensreste, Papier, Kreidestücke – mit Vorliebe zertreten – und
weitere schwer identifizierbare Abfälle im Klassenraum. Der Papierkorb bleibt in der Regel leer, allerdings verweisen verschiedenste
Kleinabfälle, die ihn kreisförmig umschließen, auf leider erfolglose
Zielübungen. Dieser rücksichtslose Umgang mit Abfällen ist nicht
neu. Die Begleiter auf der Skifahrt haben ebenfalls – meist vergeb-
lich – versucht Ihre Kinder zu einem sozial verträglichen Umgang
mit dem eigenen Müll zu bewegen.

Dieses Verhalten will ich nicht länger tolerieren. Da mehrere Gespräche über das Verhalten keine Besserung schufen, werde ich
nun auf Sanktionen zurückgreifen. Einzelne Schülerinnen oder
Schüler, die nachweislich und willentlich die Klasse oder das Schulgelände mit Abfall verunreinigen, werden mit einem Tadel belegt
werden, über den Sie gegebenenfalls schriftlich informiert werden.
Wenn die Klasse weiter stark verschmutzt wird, werde ich nach
dem Unterricht einzelne Schüler oder die gesamte Klasse den Raum
gründlich säubern lassen. Ich bin mit diesen Maßnahmen und mit
dieser Ankündigung selbst nicht glücklich, aber mit fällt leider
nichts Besseres mehr ein.

Mit freundlichem Gruß

© Verlag an der Ruhr | Postfach 102251 | 45422 Mülheim an der Ruhr | www.verlagruhr.de | ISBN 3-8346-0064-4

Kooperation

Wie noch zum Thema Mobbing ausgeführt werden wird, ist die Kooperation zwischen Kollegen eine Grundlage für erfolgreiches Arbeiten in der Klasse. Kooperation beginnt mit der gegenseitigen Achtung. Auch über einen als unangenehm empfundenen Kollegen sollte man nie mit Schülern tratschen. Und wenn Schüler Kritik an einem Kollegen äußern, sei sie auch noch so berechtigt, so ist auch hier die Kollegialität zu wahren. Beschimpfungen sind beispielsweise nicht zu akzeptieren. Auch muss man sich und der Klasse klarmachen, dass es sich bei Beschwerden über einen Kollegen, denen sich ein Klassenlehrer oder Verbindungslehrer stellen muss, zunächst nur um die Sicht einzelner Schüler oder der Klasse handelt. Kooperation bedeutet ferner, dass Absprachen im Kollegium eingehalten werden. Das „Ein-Auge-Zudrücken" bei Verstößen geht immer zu Lasten der Kollegen, die sich an Absprachen und schulische Verbindlichkeiten halten. Diese Form der Anbiederung ist nicht schülerfreundlich, sondern sie greift den schulischen Ordnungsrahmen an. Kooperation heißt auch Austausch über Schüler. Wenn es zur pädagogischen Selbstverständlichkeit wird, dass Kenntnisse, Beobachtungen, Wahrnehmungen oder sogar Vermutungen, die Wichtiges über die Klasse oder einzelne Schüler beinhalten, ausgetauscht werden, ist viel gewonnen. Eine höhere Form von Kooperation besteht darin, dass für eine Klasse oder gar für eine Schule gemeinsame Standards oder Ziele entwickelt werden. Auf dieser Basis kann dann ein gemeinsames Handeln geplant und durchgeführt werden.

Eine Gesamtschullehrerin berichtet:

„In meiner 7. Klasse herrschte ein aggressiver, vulgärer Umgangston. „Halt's Maul, Arsch, Scheiße" waren alltäglich. Auf mein Eingreifen reagierten die Schüler mit Lachen. Ich solle mich nicht so anstellen. Bei den anderen Lehrern könne man reden, wie man wolle. Es gelang mir, die Kollegen zu überzeugen. Wir beschlossen, dass alle auf einen angemessenen Umgangston achten sollten und bei wiederholten Übertretungen sanktionieren würden. Innerhalb kurzer Zeit änderte sich der Ton in meiner Klasse. Perfekt ist er allerdings immer noch nicht."

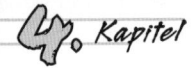

Körpersprache

Mit dem Begriff Körpersprache verbinden sich viele Missverständnisse. Ihr gezielter Einsatz erwartet von Ihnen keine pantomimischen Höchstleistungen. Körpersprache findet immer statt. Denn ständig senden wir körpersprachliche Signale aus, ständig kommunizieren wir auch körpersprachlich.

Mit dem Begriff Körpersprache werden hier alle nonverbalen Signale, willkürliche (zeigen, Kopfschütteln, lächeln, Betonungen, Lautstärke) und unwillkürliche (Erröten, hastiges Atmen, Schwitzen), zusammengefasst. Sie bestimmen die Kommunikation in hohem Maße mit. Fallen verbales und nonverbales Verhalten auseinander, schenkt unser Gegenüber im Regelfall der nonverbalen Nachricht Glauben. Man stelle sich bitte einen Partner vor, der gelangweilt die Augen rollt, zur Decke blickt und antwortet: *„Natürlich liebe ich dich."*

Die Körpersprache wirkt aber nicht nur nach außen, sondern auch nach innen. Verändere ich die Körpersprache, verändere ich mich selbst. Machen Sie mal mit Ihrer Klasse einen spielerischen Test. Die Schüler sollen, wie es in den Zeiten der autoritären Schule die Norm war, bei jeder Antwort aufstehen, sich gerade hinstellen, die Arme gestreckt an den Körper legen und die Fußstellung schließen. Sie werden merken, dass die Schüler nicht mehr argumentieren, sondern nur noch knappe, einsilbige Antworten geben. Die Erkenntnis, dass die Kontrolle über die Körpersprache die Kontrolle des Geistes ermöglicht, wird auch beim militärischen Drill genutzt. Oder stellen Sie sich einmal aufrecht hin, wobei sich die Fußspitzen berühren und die Hacken nicht geschlossen sind, so als wären Sie o-beinig. Lassen Sie dann die Arme hängen, drehen Sie sie so, dass die Handflächen nach vorne zeigen. Diese „Nichtangriffshaltung" weckt in Ihnen das Gefühl, wehrlos zu sein. Sie werden kaum in der Lage sein, unter Beibehaltung dieser Körperstellung, jemandem aggressiv die Meinung zu sagen. Aber klagen und jammern werden sie gut können.

Allerdings sind die Signale, die Körpersprache aussendet, zu vielschichtig, um sie absolut zu kontrollieren. Achten Sie einmal darauf, wie leicht vorgespieltes Selbstvertrauen als Täuschung zu durchschauen ist. Deshalb werden Sie hier nicht aufgefordert, sich optimal zu verstellen, sondern Sie erhalten einige Tipps, wie Körpersprache gezielt für Lehrer zu nutzen ist und wie Sie eine bestehende Haltung unterstützen können.

▶ Nähe und Distanz

Die Entfernung zu meinem Gegenüber beeinflusst in hohem Maße die Kommunikation. Deshalb sollte bei Klärungen und beim Austragen kleinerer Konflikte (Wichtiges, wenn möglich, immer nur im 4-Augen-Gespräch austragen) die Nähe gesucht werden. Stört beispielsweise ein Schüler in einer hinteren Reihe, gehen Sie ruhig, wenn es die Situation in der Klasse zulässt, auf ihn zu. Halten Sie jedoch so viel Abstand, dass Sie nicht bedrohlich wirken. Nähe ermöglicht leises, direktes Sprechen, den Blickkontakt und klammert Zuhörer aus. Oft genügt es, bei Störungen näher heranzugehen, um eine Störung zu beenden. Nähe zeigt Interesse und Aufmerksamkeit. Sie können auch Ihre Stimme gezielter einsetzen, wenn Sie aus kurzer Distanz sprechen. Sprechen Sie von vorne und sitzt der Angesprochene hinten, sind Sie gezwungen, laut zu sprechen. Das schränkt ihre Artikulationsmöglichkeiten ein und wirkt bedrohlich. Allerdings kann zu große Nähe auch Aggressivität und Bedrohung signalisieren. Wahren Sie deshalb, besonders wenn Sie Konflikte austragen, eine Distanz von ungefähr einem Meter. Und stellen Sie sich nicht hinter den Schüler, wenn Sie ihn ansprechen. Auch das löst ein Gefühl von Bedrohung aus.

▶ Hoch und Tief

Auch die Höhe, aus der Sie mit dem Gegenüber kommunizieren, hat Einfluss auf ein Gespräch. Die hohe Position zeigt Macht (Thron, Richterstuhl), sie demonstriert Überlegenheit. Wenn Sie beispielsweise nach einer Gruppenarbeitsphase Ruhe und Konzentration herstellen wollen, stellen Sie sich hin. Sitzen Sie auf Augenhöhe, werden Sie als Gleicher unter Gleichen wahrgenommen. Wollen Sie dagegen eine Unterrichtsdiskussion anregen und ein Kreisgespräch initiieren, macht es Sinn, wenn Sie sich setzen.

So wollte ein Referendar eine Unterrichtsdiskussion initiieren. Deshalb forderte er die Schüler auf, sich im Stuhlkreis zu gruppieren. Nur er blieb stehen und wunderte sich nachher, dass die Schüler nicht wie gewünscht miteinander kommunizierten, sondern immer ihn als Zwischenstation ansprachen.

Auch in Konfliktgesprächen kann man die Höhe, aus der man spricht, gezielt einsetzen. Ist es wichtig, Autorität zu zeigen, stellen Sie sich hin, während der andere sitzt. Das hemmt zwar den Diskussionsfluss, unterstützt aber ihren Anspruch. Wollen Sie dagegen eine Klärung erreichen, dem Gegenüber die Angst nehmen usw., versuchen Sie, auf ungefähr gleicher Augenhöhe mit dem anderen zu sprechen. Manche Grundschullehrer hocken sich sogar hin, um das zu erreichen.

▶ Reviere achten

Reviere geben Sicherheit. Selbst im beengenden Klassenraum erstrecken sich die Reviere der Schüler ungefähr auf Armlänge um den eigenen Sitzplatz, wobei die kürzere Distanz zum Nachbarn in Kauf genommen werden muss. Übergriffe werden als lästig und bedrohlich wahrgenommen. Das Eindringen in ein fremdes Revier wird als Geste hierarchischer Überlegenheit und hierarchischen Machtanspruchs wahrgenommen. Stellen Sie sich bitte vor, Sie sitzen am Pult und ein Schüler stützt unaufgefordert seine Hände auf Ihren Arbeitsplatz, um mit Ihnen zu reden. Sie würden das als unangenehm anmaßend empfinden. Respektieren Sie deshalb im Klassenraum die Reviere Ihrer Schüler, wann immer es möglich ist. Vom Tisch Ihres Schulleiters würden Sie auch nichts ohne dessen Erlaubnis nehmen und in der Regel würden sie auch nicht die Hände auf seinen Schreibtisch legen. Weisen Sie deshalb Ihre Schüler vorher darauf hin, wenn Sie in ihre Reviere eindringen müssen oder lassen Sie sich beispielsweise Hefte geben. Sie werden deutlich weniger Unmut hervorrufen, weil sich die Schüler respektiert fühlen.

▶ Blickkontakt: hinschauen, nicht fixieren

Es ist nicht leicht, das Zauberkunststück zu realisieren, dass sich in einer Klasse von 30 Schülern jeder möglichst fortwährend angesprochen fühlt. Dabei hilft der Blickkontakt, das bedeutet, die Gruppe zu beachten, den Blick zu wenden, weil nicht die Gesamtgruppe wahrgenommen werden kann, und nicht einzelne Schüler zu fixieren oder anzustarren. Blick-kontakt mit Gruppen sollte darin bestehen, immer Teile der Gruppe in Augenschein zu nehmen, den Blick nach einigen Sekunden weitergleiten zu lassen. Das kann man auch durch leichte Körperdrehungen unter-stützen, aber man sollte dabei nicht zu heftig pendeln, denn das ist mehr ein Indikator für Nervosität. Der Blickkontakt selbst signalisiert der Grup-pe Aufmerksamkeit und Interesse, andererseits informiert er Sie über die Reaktionen der Gruppe, er ist praktisch ein Dauerfeedback. Bei einer großen Klasse ist es schwer, den Blickkontakt mit allen zu halten, beson-ders wenn man zentral steht oder sitzt. So weit reicht die Blickspanne nicht. Wenn es der Raum zulässt, ist die Diagonale zur Klasse eine güns-tigere Position. Wenn Sie sich beispielsweise vorne leicht versetzt neben das Fenster stellen, können Sie, ohne den Kopf zu verdrehen, alle Schüler zugleich wahrnehmen. Bei einer zentralen Position ist das nicht möglich. Und wenn Sie nach einer Weile auf die andere Klassenseite wechseln, empfinden die Schüler die diagonale Stellung zur Klasse auch nicht als unausgewogen oder einseitig.

Bei Störungen genügt oft ein Blick. Je nachdem, wie dabei der Blick-kontakt eingesetzt wird, kann er deeskalierend oder eskalierend wirken. Stellen Sie sich folgende Unterrichtssituation vor:
Kevin (so heißt er meistens) spricht mit seinem Nachbarn. Der Lehrer in-terveniert sprachlich, andeutend: *„Kevin, bitte …!"* Er sieht Kevin kurz an, wendet den Blick ab, kehrt mit den Augen nach einigen Sekunden zu Kevin zurück. Kevin fühlt sich nicht unter Zwang, das Abblenden des Blickes vermeidet die Machtprobe. Gleichzeitig bleibt so die Kontrolle erhalten, weil der Blickkontakt wieder hergestellt wird und der Lehrer hat die Möglichkeit zu eskalieren, wenn Kevin nicht wie gewünscht reagiert.

Anders stellt sich die Situation dar, wenn nach der Anrede Kevins der Blickkontakt auf Kevin fixiert bleibt: Erkennbar wartet der Lehrer, wie Kevin reagiert. Jetzt fühlt sich Kevin herausgefordert: Seine Reaktion wird unmittelbar kontrolliert, er muss im Sinne des Lehrers reagieren, der sich hier durchsetzen will. Ist die erste Form des Blickkontaktes (anschauen, wegschauen, wieder hinschauen) eine Art optischer Er-mahnung, hat die zweite Form (Fixieren) die Funktion einer Kraftprobe. Die löst häufig genug Gegenreaktionen aus. Fixieren Sie mal einen großen fremden Hund.

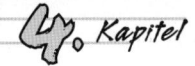

▶ Strenge und Freundlichkeit

Viele Kollegen verwechseln Strenge und konsequentes Verhalten. Bei Störungen, die ja ärgerlich sind, wird deshalb häufig mit Verärgerung reagiert. Das typische Muster verläuft so: Der Name des Störenden wird laut und in scharfem Ton gerufen. Er verstummt dann – oder auch nicht. Der Lehrer versucht, die Klasse mit Entschlossenheit zu disziplinieren. Übrigens: Aggressives Vorgehen ist keinesfalls ein Zeichen von Stärke oder innerer Sicherheit. Strenge Lehrer erzeugen – zumindest bei jüngeren Schülern – Angst. Respektiert werden sie deshalb nicht unbedingt.

Man kann Disziplin auch durch Charme erreichen: Man kann auch den Störenden direkt ansprechen und dabei lächeln oder den Kopf beschwichtigend senken. Oder auch: *„Komm, lass doch mal sein."* – *„Bitte, seid doch ruhiger, dann muss ich auch nicht brüllen."* – *„Bitte, ich möchte mich nicht mit euch streiten, aber wie kann ich hier sonst noch …?"* Freundlichkeit signalisiert hier Rollendistanz und zugleich den Wunsch, friedlich miteinander umzugehen. Freundlichkeit zeigt auch, dass man die Klasse mag, es sei denn, sie ist grob geheuchelt. Echte Freundlichkeit schafft Sympathie. Mag eine Klasse Sie, werden Sie weniger mit Disziplinproblemen zu kämpfen haben.

Charme kann auch funktionieren, wenn Sie gelegentlich – die Dosierung ist hier wichtig – Ihre Lehrerrolle karikierend wahrnehmen. *„Meine Damen und Herren, ich verlange absolute Stille. Nur so gelangen Sie in den vollen Genuss meines Qualitätsunterrichts."* Wenn Sie trotz aller Ernsthaftigkeit, mit der Sie unterrichten, fröhliche Distanz zu Rollenerwartungen demonstrieren, werden Sie als menschlich und souverän wahrgenommen. Wenn Sie in der Regel mit Ihrer Klasse freundlich interagieren, wird auch Ihre Strenge anders wahrgenommen. Sie wirkt als etwas Besonderes, das Wichtigkeit signalisiert und es angemessen erscheinen lässt, sich an Ihre Forderung zu halten. Kein Schüler möchte die Sympathie eines geschätzten Lehrers verlieren.

▶ Aufmerksamkeitsgesten, Zugewandtheit

Eine typische Schulszene. Der Unterricht ist vorbei. Der Lehrer sitzt noch am Pult, trägt ins Klassenbuch ein und will seine Sachen packen. Ein Schüler kommt nach vorne, tritt ans Pult:

„Herr Euler, ich möchte mich beschweren." – *„Ja?"* Der Lehrer hebt kurz den Blick, wendet sich ab und packt seine Tasche. Resigniert verliert der Schüler seinen Schwung.

Nebentätigkeiten in Gesprächen sind ein deutliches Zeichen von Desinteresse. Stellen Sie sich vor, Ihr Partner hätte während ihrer Liebeserklärung angefangen, seine Sachen zu ordnen. Sie hätten resigniert abgebrochen. Nun machen uns Schüler in der Regel keinesfalls derartige Geständnisse, jedoch kommen sie oft genug mit einem Anliegen zu uns, das sie als wichtig empfinden. Dann ist es nicht nur eine Geste der Höflichkeit, Blickkontakt mit dem Betreffenden aufzunehmen, sich ihm zuzuwenden und die Nebentätigkeiten einzustellen. Hat man keine Zeit, sollte man seinem Gegenüber dies mitteilen und ein Gespräch verabreden. Wer in einem ernsten Gespräch mit einem Schüler seine Tasche einpackt, signalisiert, dass ihm das Gespräch unwichtig ist. Ähnliches bewirken gehetzte, wiederholte Blicke auf die Uhr. Selbst wenn man keine Zeit hat, sollte man sich für Gespräche Zeit nehmen. Denn im Gegensatz zu Gesprächen zwischen und während drei anderen Tätigkeiten handelt es sich dann nicht um verlorene Zeit. Schüler, die sich nicht ernst genommen fühlen, werden auch dann nicht das Gespräch zu uns suchen, wenn es notwendig ist.

▶ Ruhiger Stand

Es gibt Situationen, in denen man nervös ist. Die Nervosität drückt sich häufig in einer entsprechenden Motorik aus, wie in hektischen Bewegungen und ständiger Gewichtsverlagerung von einem auf das andere Bein. Die eigene Unruhe wird von der Klasse wahrgenommen und strahlt auf sie ab. Das wiederum wirkt sich negativ auf das gemeinsame Arbeiten aus. Hier hilft ein einfacher Trick. Setzen Sie sich gerade hin oder suchen Sie einen festen Stand. Belasten sie beide Beine gleichermaßen. Ein fester Stand vermittelt nach außen und innen Ruhe. Deshalb konzentrieren Sie sich, bevor Sie das Wort ergreifen, auf einen sicheren Stand. Wenn Sie sich eine Zeit lang auf Ihr ruhiges Sitzen oder festes Stehen konzentrieren, werden Sie oft selbst ruhiger.

▶ Offenheit – Geschlossenheit

In der Körpersprache wird zwischen offener und geschlossener Körperhaltung unterschieden. Geschlossenheit drückt sich nicht in einer einzelnen Geste aus, wie beispielsweise in übereinander geschlagenen Beinen, sondern wird durch die Gesamtheit aller Gesten ausgedrückt, die in der Regel durch eine innere Abwehr erzeugt wird. Die Körpersprache drückt also die innere Haltung, das Empfinden aus. Deshalb wirken einzelne einstudierte Gesten, wie z.B. die geöffneten Arme, unecht, wenn sie nicht Ausdruck einer Haltung sind. Der Betrachter nimmt meist unbewusst die gegenläufigen Signale wahr, wie das zahnende Lächeln, die nervös blinzelnden Augen und den beschleunigten Atem, und er reagiert irritiert. Eine künstliche Körpersprache funktioniert nur bei sehr guten Schauspielern. Allerdings gibt es einige Gesten, die man gezielt vermeiden oder gezielt einsetzen kann.

Ablehnung drücken aus:
in Höhe des Oberkörpers oder der Brust gekreuzte Arme, das nach oben gerichtete Kinn, die Verweigerung des Blickkontaktes, ein zurückgelegter Oberkörper, ein starrer, unbeweglicher Gesichtsausdruck

Interesse und Zuwendung drücken aus:
Aufrechterhalten des Blickkontakts, kleine Reaktionen beim Zuhören
wie Nicken und „Mmmh"-Sagen, Drehen des Körpers in Richtung des
Kommunikationspartners, eine leichte Schräghaltung des Kopfes, leichtes Vorbeugen des Oberkörpers, Lächeln, Einstellen aller Nebentätigkeiten. Ihr Kommunikationspartner orientiert sich an Ihrer Körpersprache und wird sein Kommunikationsverhalten entsprechend auf
Ihr Verhalten abstimmen.

▶ Sprechtempo und Lautstärke variieren und Sprechpausen einsetzen

Kaum etwas ist ermüdender als ein Sprecher, der unentwegt in einer
Lautstärke und im selben Sprechtempo spricht. Selbst inhaltlich Brillantes
schläfert dann ein. Sie erhöhen die Aufmerksamkeit der Klasse, wenn
Sie die Stimme heben oder auch bewusst senken.
Inszenieren Sie sich. Auch Ihr Unterricht selbst wird interessanter, wenn
Sie Wichtiges stimmlich akzentuieren, wenn Sie das Sprechtempo vari-
ieren. Machen Sie durch Ihre Sprechweise klar, dass das, was sie vermitteln, für Sie selbst wichtig und interessant ist. Wenn Sie beispielsweise
an einer zentralen Stelle der Stunde plötzlich langsamer und leiser sprechen und dabei einen Schritt auf die Klasse zugehen, werden Sie durch
diese Inszenierung die Aufmerksamkeit der Klasse gewinnen.

Die Pause kann ein wirksames Mittel sein, um die Aufmerksamkeit der
Klasse zu gewinnen. Stellen Sie sich eine Unterrichtsstörung vor, die,
während Sie sprechen, ausgeübt wird. Halten Sie dann einmal mitten im
Satz inne, wenden Sie Ihren Blick gezielt auf die Störenden und warten
Sie ab. In vielen Fällen genügt dieser stumme Impuls.
Gezielt eingesetzte Pausen werden auch als Zeichen von Sicherheit
gedeutet. Wer eine Sprechpause einlegen kann, wirkt selbstbewusst.
Er geht davon aus, dass er seine Zuhörer nicht verliert. Er lässt ihnen
Zeit, mitzudenken.

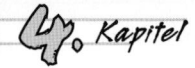

▶ Konflikten keine Bühne bieten

Was mit dem 100-Ohren-Modell schon angesprochen wurde, soll hier in einem anderen Zusammenhang erläutert werden: Jedes öffentliche Austragen von Konflikten legt den Kontrahenten erheblichen Druck auf, der sie nicht angstfrei agieren lässt. Häufig entwickeln dann die Streitenden Strategien, die darauf abzielen, die Gunst und Unterstützung der Zuhörer zu gewinnen. Das steht einer rationalen Konfliktlösung im Weg. Direkte Angriffe oder Vorwürfe fordern Gegenangriffe heraus. In Klassen mit einem größeren Gemeinschaftsgefühl hat der Lehrer dann auch noch ein Auswärtsspiel. Sein Kontrahent kann auf die Unterstützung der Gruppe bauen. Doch auch sein Gegenüber kann nicht frei agieren, hat er durch die Angst, durch Reue, Nachgeben usw. die Unterstützung seiner Klasse zu verlieren.

Auch wenn Sie Konflikte zwischen zwei (oder mehreren) Schülern Ihrer Klasse klären wollen, sollten Sie das im Regelfall nicht öffentlich machen. Beide Schüler werden besorgt um ihre Außenwirkung agieren. Selbst wenn es um die kontroverse Klärung von Tatbeständen geht, sollte man von einer Auseinandersetzung vor der Klasse absehen.
Das verläuft nämlich meistens so:

„Und dann hat mich Jan gegen den Tisch gestoßen und …"
Jan unterbricht:
„Das war ganz anders. Du hast mich doch gestoßen und dann …"
„Ja, aber vorher bist du auf meinen Fuß getreten."
„Bin ich nicht …"

Die Essenz solcher Gespräche, die Sie wohl bestimmt schon mitbekommen haben, liegt darin, dass die Außenstehenden nicht wissen, was wirklich vorgefallen ist, und die Beteiligten aufeinander steigende Wut entwickeln. Hier sorgen schriftliche Darstellungen für mehr Klarheit, besonders wenn man vorher klärt, dass Lügen auf keinen Fall hingenommen werden. In vielen Fällen macht es auch Sinn, wenn man ausdrücklich verhindert, dass Namen genannt werden.

In einem Mobbingfall, bei dem mehrere Übergriffe versteckt durchgeführt worden waren, wollte ich erreichen, dass die ganze Klasse erfuhr, was geschehen war, wollte aber auch von einer Seite nicht Mobbing mit Hilfe von Bloßstellungen Einzelner bekämpfen. Deshalb bat ich im Vorfeld

Ismail, der Opfer zahlreicher Attacken war, genau zu beschreiben, was ihm zugestoßen war und wie er behandelt worden war, jedoch ohne die Namen von Mitschülern zu nennen. Ismail konnte ungestört berichten und die ganze Klasse hörte aufmerksam zu. Ich hatte aus einem Fehler gelernt, den ich vorher begangen hatte. In einem ähnlich gelagerten Fall sprach ein Mädchen konkret an, wer sich ihr gegenüber wie verhalten hatte. Sofort erhob sich Protest. Das sei ganz anders gewesen, hier werde übertrieben und außerdem sei man vorher geärgert worden.

▶ Keine öffentliche persönliche Kritik

In vielen Unterrichtsstunden wird mehr kritisiert als gelobt. Und selbst wenn hier zu einem vorsichtigen Umgang mit Kritik aufgefordert wird, ist sie ein wichtiger und wertvoller Bestandteil von Unterricht. Rational begründete Kritik ist Teil des Lernens. Auf der anderen Seite kann Kritik verletzen. Keiner mag es, wenn seine Leistungen oder seine Person öffentlicher Kritik ausgesetzt werden. Deshalb ist der Umgang mit Kritik im Unterricht ein schwieriger Balanceakt. Hier sollte von folgenden Grundsätzen ausgegangen werden: Fehler oder fehlerhafte Leistungen sind nur unter der Bedingung anzusprechen, dass sich kein Schüler bloßgestellt sieht oder die Angst haben muss, persönlich bloßgestellt zu werden. Die Kritik ist auf die Sache zu beziehen, nicht auf die Person. Der Klassenraum sollte ein Schutzraum sein, in dem keiner Angst vor Fehlern hat. Basiert Kritik auf der grundlegenden Akzeptanz jedes Einzelnen, kann sie inhaltlich durchaus klar und präzise sein.

Kritik am Fehlverhalten einer Person sollte im Regelfall nicht öffentlich erfolgen. Einmal, weil sie verletzt, aber auch, weil ihr Effekt nicht vorhersehbar ist. Tadelt ein Lehrer einen Schüler wegen eines Fehlverhaltens vor der Klasse, kann das durchaus die Folge haben, dass er in den Augen der anderen Schüler als aggressiv wahrgenommen wird. Statt sich von dem Getadelten zu distanzieren, werden sie sich dann mit ihm solidarisieren.

– aber …!

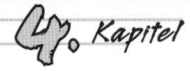

Kristin, eine Oberstufenschülerin erscheint zu spät zum Unterricht. Sie ist sichtbar wütend, setzt sich wortlos auf ihren Platz, knallt ihre Bücher auf den Tisch.

„Schön, dass Sie noch zum Unterricht erscheinen, Frl. Taschner, sehr schön ist das.", kommt es von vorne. Dann, als die Schülerin nicht reagiert, fährt der Lehrer, ein verhärmt wirkender 50-Jähriger fort:
„Aber es würde durchaus den Regeln unserer Kultur entsprechen, wenn Sie die Güte hätten, Ihr verspätetes Erscheinen – nein, nicht zu entschuldigen, sondern zu erklären. Aber Höflichkeit und zivile Umgangsformen sind bei Ihnen wohl nicht entwickelt, Frl. Taschner."
„Jetzt fangen Sie nicht auch noch an. Erst hackt die Weigart die ganze Pause auf mir rum und jetzt machen Sie mich noch an. Es reicht."
„Diese Unverschämtheit lasse ich mir nicht gefallen. Neben dem Tadel werde ich mir erlauben, Ihren Oberstufenkoordinator ins Bild zu setzen. Vielleicht ist er ja in der Lage, kultivierend auf Sie einzuwirken. Ich habe keine Lust, mich hier anflegeln zu lassen."
Unwilliges Gemurmel entsteht in der Klasse.
Nun sollen Kollegen hier ja nicht aufgefordert werden, jedes Fehlverhalten stillschweigend hinzunehmen. Jedoch kann man ja der Klasse zeigen, dass man nicht Willens ist, einen Schüler öffentlich zu kritisieren, dass jedoch das Fehlverhalten nicht unter den Tisch fällt, sondern man es unter vier Augen anspricht.

Nehmen wir noch einmal die Szene auf, in der die verspätete Schülerin ihre Sachen wortlos auf den Tisch knallt.

„Kristin, was ist denn los?"
„Jetzt fangen Sie nicht auch noch an. Erst hackt die Weigart die ganze Pause auf mir rum und jetzt machen Sie mich noch an. Es reicht."
„Kristin, so möchte ich nicht mir dir sprechen. Wir reden nach der Stunde."

Der Lehrer und Kristin Taschner einigten sich schnell. Kristin erzählte, dass sie wegen eines Konfliktes mit Frau Weigart zu spät gekommen sei und entschuldigte sich. In der folgenden Stunde informiert der Lehrer die Klasse über das Gespräch.

Es gibt Situationen, in denen man als Lehrer ein Fehlverhalten öffentlich ansprechen muss, wenn beispielsweise ein Schüler einen anderen geschlagen oder bestohlen hat. Aber auch in diesem Fall sollte nicht öffentlich über die Person des „Schlägers" diskutiert werden, sondern darüber, dass Sie das Schlagen nicht dulden und es entsprechend sanktionieren werden.

▶ Konflikte ohne Wut austragen

Es ist banal, wird aber immer wieder vergessen. In Wut lassen sich keine Konflikte lösen. Bestenfalls schüchtert man sein Gegenüber ein. Auch kalte Wut, die nicht nach außen getragen wird und wie Gelassenheit wirkt, ist kein guter Ratgeber. Trägt man in dieser Stimmung seinen Streit vor der Gruppe aus, wirkt man nicht authentisch, sondern ruft Angst, in einigen Fällen auch Widerstand hervor. Deshalb sollte man es sich zur Regel machen, in Wut oder in aggressiver Stimmung das Austragen von Konflikten zu verschieben. Das kann man auch einer Klasse vermitteln und man verliert dabei keine Sekunde an Authentizität und Glaubwürdigkeit. *„Ich bin jetzt viel zu wütend, um vernünftig mit euch umzugehen. Ich könnte euch nur beschimpfen oder verletzen und vermutlich würde ich mit Strafen übertreiben. Wir reden morgen über die Sache. In aller Ruhe. Überlegt euch schon einmal, wie ihr mir euer Verhalten erklären könnt."*

Nicht drohen

Hier muss zuerst klar unterschieden werden zwischen dem Ankündigen von Sanktionen und einer Drohung. Wenn ich eine Sanktion ankündige, mache ich die Klasse darauf aufmerksam, dass das Verhalten Konsequenzen hat. Dabei macht es immer Sinn zu zeigen, dass die Konsequenzen abhängig sind von einem konkreten Fall und von konkreten Bedingungen. Drohungen wollen dem Gegenüber Angst machen, damit er etwas tut oder etwas zukünftig unterlässt. Sie appellieren nicht an seine Einsicht, sondern an seine Angst. Sehr häufig sind Drohungen mit „wenn ..., dann" Formulierungen verknüpft: *„Wenn du das tust, dann passiert dir Folgendes."*

Drohungen bewirken oft das Gegenteil von dem, was Sie erreichen wollen, weil sich niemand gerne einschüchtern lässt. Sie setzen dazu auch den Drohenden selbst unter Zugzwang. Er muss, will er sein Gesicht nicht verlieren, seine Drohung wahr machen, wenn das angesprochene Fehlverhalten auftritt. Das folgende Beispiel zeigt, wie kontraproduktiv sich Drohungen auswirken können:

Barbara und Susanne, beide Schülerinnen der 10. Klasse, hatten sich zerstritten. Der Klassenlehrer, Herr Kahl, hatte richtig ausgemacht, dass die meisten Attacken von Barbara ausgingen und Susanne sich immer mehr in die Defensive gedrängt sah. Er empörte sich darüber, dass Barbara Susanne vor der ganzen Klasse wiederholt als Schlampe beschimpft hatte und auch sein erstes Eingreifen keinen Erfolg brachte. Deshalb sprach er sie vor der ganzen Klasse an:

„Mir reicht es jetzt. Wenn du Susanne noch einmal ‚Schlampe‘ nennst, dann … dann schließe ich dich von der Klassenfahrt aus. Ich hoffe, selbst du hast verstanden, wie ernst ich das meine."

Damit war der Kollege Kahl in die eigene Falle getappt. Ein paar Tage passierte gar nichts und er meinte schon, die Situation durch sein Eingreifen in den Griff bekommen zu haben, als am Ende einer Gruppenarbeit die Klasse von den Schülern aufgeräumt werden musste. Da drang Barbaras Stimme vernehmlich durch die allgemeine Unruhe.

„Was sieht es hier wieder schlampig aus. Es ist entsetzlich, welche Schlamperei hier herrscht. Also, hier ist es wirklich schlampig. Aber einige haben ja einfach keinen Blick dafür. Die sehen keine Schlamperei, weil sie … komm, Susanne, ich helfe dir beim Aufräumen. Das mach ich doch gerne. Ich muss ja nett zu dir sein. Aber schlampig ist es hier schon."

Unterdrücktes Glucksen machte sich in der Klasse breit, das schnell in Gelächter umschlug. Herr Kahl reagierte nicht. Was hätte er auch unternehmen können? Barbara setzte im Anschluss an diesen Vorfall ihre Angriffe gegen Susanne fort, meist verdeckt, mit wachsender Unterstützung durch Mitschüler, und Herr Kahl hatte mehr und mehr das Gefühl, einer feindseligen Meute gegenüber zu stehen.

Die Drohung, Barbara zu bestrafen, hätte auch noch auf eine ganz andere Weise für Herrn Kahl zur Belastung werden können. Wenn Susanne sich geschickter verhalten hätte, hätte sie ihrerseits Barbara, der ja eine üble Strafe ins Haus stand, provozieren können und sich bei einer entsprechenden Reaktion theatralisch als Opfer darstellen können. Herr Kahl hätte dann sogar ahnen können, was sich da abspielt, aber er würde vor der Klasse an Ansehen verlieren, wenn er seine Drohung nicht wahr machen würde.

Erfolgversprechender wäre hier die Ankündigung einer Sanktion gewesen: *„Mir ist aufgefallen, dass zwischen euch, Susanne und Barbara, ständig Streit herrscht, wobei ich den Eindruck habe, dass Barbara der aktivere Teil ist. Das geht bis zu lautstarken Diffamierungen. Eure Streitereien wirken sich auf die Klasse und den Unterricht aus. Ich bitte euch deshalb nachdrücklich, euch gegenseitig in Ruhe zu lassen. Und damit eins klar ist: Das ist die letzte Bitte in dieser Richtung. Wird gegen meine Bitte verstoßen, hat das Folgen. Und die können, je nach dem, was vorgefallen ist, erheblich sein.“*

Selbstkritik

Lehrer üben viele Funktionen aus. Sie sind Wissensvermittler, Richter, Polizisten, Kontrolleure, Schiedsrichter, Entertainer, Erzieher und Helfer. Wer so viele Rollen und die damit verbundenen Erwartungen zu erfüllen hat, macht Fehler. Andererseits verbieten es eigentlich die Rollen, nicht souverän zu agieren. Vielleicht haben deshalb viele Lehrer Angst, Fehler einzugestehen, seien sie pädagogischer oder fachlicher Art. Hier spielt die Furcht, die Autorität zu verlieren, eine große Rolle. Aber gerade das Überspielen von Fehlern, die die meisten bemerkt haben, die fehlende Offenheit, auch sich selbst gegenüber, die manchmal schon pathologische Züge aufweist, zerstört die Autorität mehr, als es ein Fehler kann. Es geht hier nicht darum, ein wildes Bekennen jeder Kleinigkeit vorzuschlagen, sondern darum, zu seinen Fehlern zu stehen und sich gegebenenfalls zu entschuldigen.

Wir wirken fachlich und pädagogisch überzeugender, wenn wir Fehlleistungen nicht vertuschen, sondern sie erklären. *„Es tut mir Leid, dass
ich dich gestern angeschrieen habe. Das geht nicht, auch wenn ich wütend
bin."* Wenn wir mit unseren Fehlern offen umgehen, hat das noch den
zusätzlichen Effekt, dass uns die Klasse als eine Person wahrnimmt, mit
der man reden kann. Scheinbare und angemaßte Unfehlbarkeit signalisiert
ja genau das Gegenteil. Wie kann ich mich bei jemandem beschweren,
der immer Recht hat?

Man muss kein Held sein …

Klassenführung

Klassen brauchen einen Rahmen

Kindheit heute, so wurde im ersten Teil des Buches aufgezeigt, bedeutet Leben in Unsicherheiten, oft sogar in Regellosigkeiten. Im Gegensatz zu den überkommenen autoritären Strukturen, in denen Regeln nicht selten Fesseln für die Individuen waren, geben Regeln heute Sicherheiten, die umso notwendiger sind, weil sie in einer Gruppe, die aus sehr unterschiedlich sozialisierten Individuen besteht, das Verhalten vorhersehbarer machen und auf eine gemeinsame Grundlage stellen.

Deshalb sollten Lehrer, besonders in Anfangsklassen, **glaubwürdige Rituale einführen**. Glaubwürdig heißt, dass sich der Lehrer selbst an die Rituale hält und sie ohne peinliches Gefühl ausüben kann. Gelingt das nicht, machen Rituale keinen Sinn. Ebenfalls ist bei ritualisiertem Verhalten darauf zu achten, dass die Rituale von allen eingehalten werden. In vielen Schulen wird beispielsweise ein Ruheritual gepflegt. Wenn dem Lehrer Ruhe in der Klasse wichtig ist, hebt er die rechte Hand und führt die linke Hand an den Mund. Die Schüler imitieren sein Verhalten, das so lange andauert, bis das letzte Gespräch verstummt ist. Nur ist das Ritual zwecklos, wenn Max und Florian sich nicht an das Ritual halten und laut miteinander diskutieren, ob Schalke oder der BVB die bessere Mannschaft sei. Wenn der Lehrer hier nur abwartend steht, den Finger vor den Mund hält, verliert das Ritual jede positive normative Funktion. Er muss eingreifen und Max und Florian gezielt ermahnen.

Neben dem Ruheritual werden auch Begrüßungsrituale, in denen die Schüler aufstehen, verstummen und warten bis der Lehrer sie anspricht, und Montagsrunden, wo die Schüler im Stuhlkreis ihre Wochenenderlebnisse austauschen, bevor der Unterricht beginnt, mit Erfolg praktiziert. In jeder Klasse sollte zudem ein **grundsätzliches Gewaltverbot** ausgesprochen werden, wobei den Schülern vermittelt wird, dass es grundsätzlich keinen Grund gibt, zu schlagen. Auch bei Provokationen nicht. Wer schlägt, wird in jedem Fall sanktioniert. Einige Schulen schicken schlagende Schüler mit einem vorbereiteten Schreiben nach Hause, das die Eltern am nächsten Tag in der Schule unterschrieben abgeben müssen, wobei immer ein Gespräch mit dem Klassenlehrer stattfindet.

Bei Gruppenarbeiten stehen Kollegen immer wieder vor dem Problem, dass einige Schüler ausgeschlossen werden oder sich weigern, mit bestimmten Mitgliedern der Klasse zusammen zu arbeiten. Wenn am Anfang der Satz: *„Jeder muss mit jedem arbeiten."* als Basis für das gemeinsame Lernen gesetzt und erläutert wird und wenn von Anfang an die Schüler in wechselnden Gruppen arbeiten, taucht das Problem später nicht mehr auf. Dieser Grundsatz ist durchzusetzen, wenn man Ausgrenzungen und Mobbing verhindern will.

Gerade in Anfangsklassen werden oft mit großem Aufwand Klassenregeln erstellt, die jedoch bald in Vergessenheit geraten. Das schadet mehr, als es Nutzen bringt. Um diesem Fehler zu entgehen, sollte man sich an folgende Grundlagen halten: Nur wenige **Klassenregeln** aufstellen (5 Regeln genügen), die **überschaubar, einhaltbar und überprüfbar** sind. Übertretungen sind zu sanktionieren, denn sonst haben die Regeln keine Funktion. Regeln wie: *„Wir sind immer höflich miteinander"*, lassen sich nicht durchsetzen. Keiner ist immer höflich. Und wie kann eine Unhöflichkeit zwischen Schülern sanktioniert werden? Diese Regel macht Regeln lächerlich. Und kleine Zyniker erkennen das sofort. Regeln sind nur wirksam, wenn sie auch von Lehrern selbst eingehalten werden. Die Forderung nach Pünktlichkeit wird zur Farce, wenn der Lehrer selbst regelmäßig verspätet zum Unterricht erscheint.

„Jeder ist rechenschaftspflichtig." Dieser Satz gilt besonders für die Sicherung von Gruppenarbeitsergebnissen. Viele Gruppenarbeiten laufen immer noch nach dem folgenden Schema ab: Von fünf Schülern arbeiten zwei oder drei engagiert, die anderen machen punktuell mit, besonders dann, wenn der Blick des Lehrers auf ihnen ruht, und die Fleißigen sind dann noch so dumm und tragen die Ergebnisse ihrer Arbeit vor. Wenn vorher allen klar ist, dass der Lehrer bestimmt, wer die Gruppenarbeit vorträgt, wird diese Form der Drückebergerei erschwert und Gruppenarbeit kann sogar als sinnstiftend erfahren werden. Wenn es gelingt, das Rechenschaftsprinzip als Selbstverständlichkeit in den Köpfen der Schüler zu verankern, werden Leistungsüberprüfungen nicht als Schikane empfunden, sondern als Teil des Lernens gesehen. Hier ist allerdings ein sensibler Umgang mit schwachen Leistungen notwendig. Eine Leistungsüberprüfung darf nicht zu einer Bloßstellung werden.

Klassen mit über 14 Schülern sind unübersichtlich. Viele Schüler verbergen sich einerseits in der Menge und fühlen sich andererseits wegen der Menge nicht mehr persönlich angesprochen. Um dem zu begegnen, sollte sich jeder Lehrer zusätzlich darauf konzentrieren, so viel wie möglich in der Klasse wahrzunehmen und dies auch zu zeigen, so dass jeder das Gefühl haben soll, immer angesprochen und beachtet zu sein. In dem Kapitel über Körpersprache wurde Ausführlicheres dazu dargestellt.

Lehrer sollten mehr **Positives herausstellen** als Negatives bemängeln. Das schafft einmal ein anderes Verhältnis zueinander. Dauerkritik ermüdet. Und wenn der Lehrer lobt, wie sich seine Schüler gegenseitig helfen, zeigt er ihnen sehr konkret, welche Verhaltensweisen erstrebenswert sind. Schüler, die sich einem Lehrer anvertrauen, werden von Mitschülern schnell als Petze oder Schleimer beschimpft. Deshalb macht es Sinn, der Klasse zusätzliche Wege anzubieten, wie man zu erreichen ist. Das kann über die Bekanntgabe Ihrer Telefonnummer oder Ihrer E-Mail-Adresse geschehen, die man Klassenlisten beifügen kann.

Schüler beteiligen

Wenn es gelingt, Schüler an der Gestaltung des Klassenlebens selbst zu beteiligen, werden sie verantwortlicher und engagierter handeln. Das kann darin bestehen, dass man sie selbst Klassendienste und Verantwortlichkeiten organisieren lässt, oder darin, die Funktion des Klassensprechers und seiner Vertreter zu stärken, indem man sie an Absprachen und Planungen beteiligt und sie bewusst als gewählte Vertreter der Klasse behandelt und respektiert.

Gemeinsam mit Schülern – hier können auch die Eltern aktiviert werden – lässt sich die Gestaltung des Klassenraums in Angriff nehmen. Das sollte aufwendig und geplant geschehen. Schüler, die sich in einem Klassenraum wohl fühlen, behandeln ihn besser.

In jeder Klasse gibt es Schüler, die besondere soziale Kompetenzen zeigen, etwa indem sie bei Streitigkeiten schlichtend eingreifen oder indem sie positiv auf andere einwirken. Diese Schüler sollte man in Einzelgesprächen ermutigen, sich im Rahmen der Klasse weiter zu engagieren. Man kann solche Schüler auch in schwierigen Situationen um Rat fragen, etwa wie sie Cliquenrivalitäten in der Klasse beurteilen.

Gerade wenn es in der Klasse rivalisierende Cliquen gibt, die sich oft genug auch noch feindselig gegenüberstehen, bringt das Machtwort des Lehrers wenig. Er sollte stattdessen die Klasse beauftragen, Lösungen zu entwickeln, wie die Cliquen miteinander verträglich umgehen könnten. Es macht Sinn, wenn Lehrer selbstständige Konfliktregelungen zwischen Schülern anregen und unterstützen, denn die Beteiligten wissen in der Regel besser, welche Lösungen für sie angemessen sind.

Natürlich ist es auch positiv, wenn Schüler an der Auswahl von Lerninhalten beteiligt werden. Allerdings sollte man sich hier vor Formalismen hüten. Eine Abstimmung über Unterrichtsinhalte ist nur dann sinnvoll, wenn die Auswahl vorbereitet wird, denn sonst werden lediglich Zufallswahlen praktiziert, mit dem Effekt, dass gelernt wird, dass die Auswahl von Unterrichtsinhalten durch Schüler Willkür und Unfug ist.

Ein Tischgespräch zwischen Mutter und Sohn:

„Wir haben heute in Deutsch über den Stoff in 12.2 abgestimmt."
„Was stand zur Wahl?"
„Einmal Romane. Buddenbrooks oder der Prozess. Und dann Dramen. Da konnten wir wählen zwischen Faust, irgendwas von Kleist und was Moderneres, von Brecht. Das Leben des Galileo."
„Und was hast du gewählt?"
„Immer das modernste."
„Wieso das?"
„Ich kannte das alles nicht. Und so alte Sachen mag ich sowieso nicht."

Schüler können auch zu Vertragspartnern werden. Der Vertrag wurde aus dem Bereich der Schlichtung übernommen. In einem Vertrag verpflichten sich die Unterzeichnenden gegenseitig. Nach unseren Erfahrungen haben Verträge zwischen Lehrern und Schülern oft Erfolg. So versicherte mir ein Schüler in einem Mobbingfall schriftlich, dass er von allen Aktionen gegen einen Mitschüler, dem er bis dahin erheblich zugesetzt hatte,

absehen würde. Ich sicherte ihm meinerseits schriftlich zu, dass ich in diesem Fall von weiteren Sanktionen (ein Tadel war bereits erteilt worden) absehen würde. Der Vertrag war bis zum Ende des Jahres befristet und wurde eingehalten. Auch im nächsten Schuljahr gab es keine Übergriffe. Manchmal macht es auch Sinn, ein Opfer in einem Mobbingfall mit in einen Vertrag einzubinden. Es sieht sich dann nicht mehr nur als leidend an, was eine schlimme Selbstdefinition ist, sondern fühlt sich in die Pflicht genommen, bestimmte, als lästig empfundene Verhaltensweisen abzulegen. So versicherte eine Schülerin schriftlich, sich nicht mehr von hinten an Klassenkameradinnen heranzuschleichen. Sie hielt die Verabredung ein.

Eltern einbeziehen

Die Rolle von Eltern bei der Klassenführung wird häufig unterschätzt. Das beginnt bei Elterngesprächen. Sie sollten nicht nur auf Sprechtagen das Gespräch mit Eltern suchen, ihnen signalisieren, dass Ihnen das Miteinander in der Klasse wichtig ist.

Die Fragen: *„Wie fühlt sich ihr Kind in meiner Klasse?"* – *„Wie sind seine Beziehungen zu den Mitschülern?"* – *„Gibt es Dinge, die Ihrem Kind Angst/Sorgen bereiten?"*, kann man aber selbst in der zeitlichen Enge eines Elternsprechtages stellen. Sie können so vom Wissen der Eltern über die Kinder und über die Situation in der Klasse profitieren. Gleichzeitig sollten Sie die Eltern Ihrer Schüler dazu auffordern, sich ihrerseits nicht nur nach Schulnoten zu erkundigen, sondern auch danach, wie sich das Kind in der Klasse sieht, ob es von anderen akzeptiert wird, ob es Druck empfindet. Sie sollten die Eltern auch ermutigen, sich an Sie als Klassen- oder Fachlehrer zu wenden, wenn Sie den Eindruck haben, dass andere Kinder unter Isolation oder gar Mobbing leiden. Wichtig ist auch, dass Eltern bei aller Parteilichkeit nicht auf eine blinde Identifikation mit ihrem Kind verfallen, wie es nur leider zu oft geschieht. Weisen Sie die Eltern darauf hin, dass es kein Zeichen von Liebe ist, jedes Fehlverhalten herunterzuspielen oder zu entschuldigen, sondern dass es langfristig dem Kind schadet, weil es eben keine anderen, sozial verträglicheren Verhaltensweisen entwickelt und entwickeln kann.

Am Beispiel der Konfliktmatrix (S. 54 ff.) wird gezeigt, wie wichtig es ist, die Eltern bei der Lösung von Klassenkonflikten als Unterstützung zu gewinnen. Es macht für das Verhalten eines Kindes einen gravierenden Unterschied, ob die Eltern eine Übertretung verharmlosen und entschuldigen oder ob sie gemeinsam mit der Schule darauf hinwirken, dass sich ein negatives Verhalten ändert. Auf vielen Elternabenden werden lediglich die Formalismen abgehakt. Hier werden Chancen vertan, sich über die Klasse zu informieren und Unterstützung zu gewinnen. Bereiten Sie einen Elternabend vor, indem Sie auch das soziale Miteinander – wie Sie es wahrnehmen – der Klasse beschreiben, indem Sie auch Ihre sozialen Lernziele nennen und Wege, wie Sie diese erreichen wollen.

Ein Musterbrief

Liebe Eltern der 5. Klasse,

mit diesem Schreiben bitten wir um Ihre Mitarbeit und Hilfe. Denn Schulklassen bilden heute nicht mehr von selbst eine Gemeinschaft. Viele Kinder haben auch nicht gelernt, wie sie Konflikte, die in einer neuen Gruppe zwangsläufig entstehen, vernünftig miteinander austragen. Auch deshalb werden Ausgrenzungen und Mobbing zwischen den Schülern häufiger. Untersuchungen haben ergeben, dass gegenwärtig Schüler ihre Mitschüler als bedrohlicher ansehen als sogar ihre Lehrer. Uns ist ein gutes Klassenklima wichtig. Deshalb versuchen wir mit zahlreichen Aktivitäten, darauf hinzuwirken, dass die Schüler in einer Klasse angemessen miteinander umgehen.
Dazu bitten wir Sie um Unterstützung.

Fragen Sie Ihr Kind nicht nur nach Schulnoten, sondern auch danach, wie es sich in der Klasse fühlt, wie die Beziehungen zwischen den Schülern sind. Fragen Sie auch nach, ob andere Kinder ausgeschlossen, gedemütigt oder angegriffen werden. Mit Ihrem Interesse zeigen Sie ihrem Kind, wie wichtig ein soziales Miteinander ist.

Oft bemerken wir Lehrer nicht, wenn etwas in der Klasse schief läuft. Hier kann uns Ihre Unterstützung helfen. Wenn beispielsweise Eltern mit ihren Kindern sich über das Klassenleben austauschen und die Schule bei Übergriffen informieren, kann beispielsweise Mobbing schon im Entstehen beendet werden.

Sie müssen deshalb keinen Mitschüler namentlich anklagen! Der Hinweis, dass beispielsweise ein bestimmter Schüler häufig ausgeschlossen wird, hilft uns bereits sehr. Und falls sich Ihr Kind einmal falsch verhalten sollte: Kein Mensch verhält sich immer korrekt. Aber Sie helfen Ihrem Kind mehr, wenn Sie ihm liebevoll kritisch begegnen, als wenn Sie sein Fehlverhalten verharmlosen. Denn dann wird es wieder auftreten.

Sie können uns und Ihrem Kind helfen, dass es sich in seiner Klasse wohl fühlt. Über Ihre Unterstützung würden wir uns freuen.

© Verlag an der Ruhr | Postfach 102251 | 45422 Mülheim an der Ruhr | www.verlagruhr.de | ISBN 3-8346-0064-4

Sanktionen vorbereiten

Sanktionen sind kein Selbstzweck, sie dienen nicht der Rache, sondern sie sollen die Einsicht vermitteln, dass Handeln Konsequenzen hat. Regeln und Übereinkünfte, deren Bruch hingenommen wird, sind wertlos. In diesem Fall wird nur signalisiert, dass man Regeln brechen kann und sich nicht an Übereinkünfte halten muss.

Diese Einsicht soll nicht nur der zu Strafende gewinnen, sondern auch die Klasse und – je nach Umständen – auch derjenige, der unter Übergriffen gelitten hat. Nur sind gerade gravierende Sanktionen wie Klassenkonferenzen vorzubereiten. Sonst können alle sinnvollen pädagogischen Mühen scheitern, wie der folgende Vorfall zeigt:

Eine 9. Klasse im Sportunterricht. Man spielt Basketball.
Der Sportlehrer muss kurz die Halle verlassen, weil an der Tür geklingelt wird. In dem Moment schnappt Eva Matthias, dem Klassenstar, den Ball weg. Eva ist schon lange die Zielscheibe von Matthias. Er verachtet sie, weil sie eine Streberin ist. Matthias schlägt zu, trifft Eva wohl härter als beabsichtigt. Sie fällt um, verliert das Bewusstsein. Eine Woche liegt sie mit einer schweren Gehirnerschütterung im Krankenhaus. Ihre Eltern informieren die Schulleitung über das Geschehen. Eine Klassenkonferenz wird angesetzt. Matthias erscheint mit Eltern und Anwalt. Der erklärt, sein Mandant (wörtlich!) wisse gar nicht, weshalb er hier sitze. Er sei schon länger Opfer der hysterischen Anschuldigungen seiner Mitschülerin Eva. Sein Mandant habe nur gesehen, dass Eva plötzlich auf dem Boden gelegen habe. Zu diesem Zeitpunkt sei er in einer anderen Hallenecke gewesen. Seine Aussagen werden von drei Mitschülern bestätigt. Irritiert brechen die Lehrer die Klassenkonferenz ab. Bei Befragungen der Klasse stößt man auf Schweigen. Angeblich hat keiner gesehen, was mit Eva passiert war.

Die Kollegen haben den Fehler gemacht, sich nicht vor der Klassenkonferenz gründlich zu informieren und abzusichern. Eine Schule hat ein Konzept umgesetzt, das sich als sehr effizient herausgestellt hat:

Mehr durch Zufall kamen die Kollegen einem Mobbingfall auf die Spur, der sich schon über zwei Jahre hinzog. Nach ersten Gesprächen stellte sich heraus, dass man es mit drei Opfern zu tun hatte, die in unterschiedlicher Weise geschlagen, gedemütigt und sexuell belästigt wurden. Die Aggressionen gingen von vier Jungen aus. Alle sieben Schüler wurden gleichzeitig in einen Raum gebeten und mit Abstand voneinander hingesetzt. Unter der Aufsicht von zwei Lehrern, die jedes Gespräch unterbanden, wurden sie aufgefordert, über die Vorfälle, die die anwesenden Schüler betrafen, eine schriftliche Stellungnahme an die Schulleitung zu schreiben. Vorgegeben waren die Anrede („*Sehr geehrter Herr …*"), die Zeit von zwei Stunden, und dass nur das berichtet werden sollte, was man selbst erlebt oder gesehen habe. Die Beteiligten wurden ebenfalls darauf hingewiesen, dass Lügen und bewusste Falschangaben für sie Folgen haben würden.

Die Protokolle, die auf dieser Grundlage verfasst wurden, zeigten nicht nur den Leidensdruck der Opfer, sondern zeigten detailliert das Verhalten der Täter, die sich gegenseitig belasteten. Sie zeigten auch, wie unterschiedlich die Täter agierten und wie unterschiedlich sie zu ihrem Verhalten standen. Einer entschuldigte sich bei seinen Opfern. Der aggressivste der vier warf dagegen seinen Opfern vor, sich nicht in die Gemeinschaft integrieren zu wollen, weshalb sie eben die Konsequenzen zu tragen hätten. Schriftliche Berichte, von den Betroffenen unter Aufsicht angefertigt, bilden gerade bei schwerwiegenden Verstößen eine geeignete Grundlage für Sanktionen.

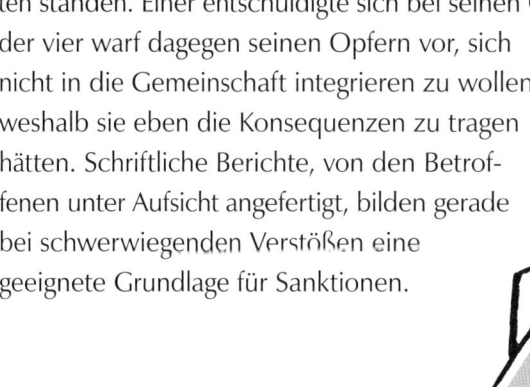

Wie wichtig es ist, Sachverhalte gründlich zu klären, zeigt auch
das folgende Beispiel aus einer Hauptschule:
Der Rektor fiel aus allen Wolken, als sieben Schülerinnen aus der
9. Klasse bei ihm auftauchten. Jaqueline, die Wortführerin, beschwerte
sich lautstark über den neuen, jungen Sportlehrer, der erst seit wenigen
Wochen in der Schule war.

„Der kommt einfach in die Mädchenumkleide, ohne zu klopfen, an-
geblich, weil er kontrollieren will, ob die Außentür zu ist. Die ist aber
immer zu. Und der Schmidtke kommt immer dann, wenn es gerade
spannend wird. Und der schaut nicht nach der Tür. Der glotzt uns
richtig an. Mich zum Beispiel. Ich brauch keinen BH. Nicht, weil ich
keinen Busen habe. Aber wie der mich anschaut. Wenn es einmal
gewesen wäre, okay. Kann ja mal vorkommen. Aber der kommt jetzt
jedes Mal rein."

Der Kollege reagierte auf die Vorhaltungen im Gespräch mit dem
Rektor bestürzt.
„Ich schwöre Ihnen, da ist nichts dran. Ich bin doch nicht wahn-
sinnig. So was mach ich nicht."
Der Schulleiter war skeptisch. Immerhin hatten sich sieben Schülerinnen gemeinsam beschwert, als plötzlich seine Sekretärin den Raum
betrat. Sie hatte gehört, worum es ging.
„Dieselben Vorwürfe, die die Schülerinnen geäußert haben, habe
ich gestern im Fernsehen gesehen. In einer Soap. Der Lehrer wurde
später entlassen."

Daraufhin holte der Schulleiter noch einmal die Schülerinnen zu sich.
Sie mussten einzeln in sein Zimmer, um dort von ihm und seinem
Stellvertreter befragt zu werden. Die anderen Schülerinnen mussten
vor dem Zimmer warten, sie wurden dabei von zwei Lehrerinnen
beaufsichtigt, die verhinderten, dass sie miteinander sprachen. Schon
die erste kippte um: Man wollte Herrn Schmidtke loswerden, weil er
so streng sei und so viel verlangte. Deshalb habe Jaqueline die Idee
mit der Umkleide gehabt. Die anderen Mädchen gaben kleinlaut die
Lüge zu, bis auf Jaqueline: *„Herr Schmidtke hat doch selbst Schuld.*
Der ist eben so streng. Da muss er sich nicht wundern."

Sanktionen als Konsequenzen

Scheinbar sind schulische Sanktionen sinnlos. Wie viele Protokolle, wie viele Klassenbucheinträge und wie viele Sonderaufgaben sind verhängt worden, ohne etwas zu bewirken. Gerade unsichere Lehrer erfahren das. So viel sie auch strafen, das Verhalten der Klasse ändert sich nicht. Daraus folgt jedoch nicht, dass Sanktionen nichts bewirken, sondern nur, dass die Sanktionen nichts bewirken, die nicht als ernsthafte Sanktionen wahrgenommen werden.

Ein junger Kollege berichtet: Gleich am Anfang meines Schuldienstes musste ich nach dem Halbjahreszeugnis die Klassenleitung einer so genannten Horrorklasse übernehmen. Mein Vorgänger war auch wegen dieser Klasse vorzeitig aus dem Schuldienst ausgeschieden. Das Klassenbuch las sich wie ein übler Paukerroman.

Hausdorf baut eine Pyramide aus Stühlen. Huda beschimpft den Lehrer als dumm. Die ganze Klasse stört. Mahlberg sprüht Tränengas usw. In der Klasse war ein Preis ausgesetzt worden, wer den hundertsten Eintrag kassieren würde.

„Die Eintragungen sind doch nur komisch."

„In Ordnung, ihr Komiker. Das wollen wir ändern. In Zukunft werde ich die Eltern von jedem in der Klasse anschreiben, der – von heute an gerechnet – seinen zweiten Eintrag erhält. Allerdings werde ich vorher jeden Einzelfall prüfen. In diesem Schreiben bitte ich eure Eltern dann in meine Sprechstunde und werde mich ausführlich über euer Verhalten unterhalten. Weitere Strafen behalte ich mir vor."

Im nächsten Halbjahr gab es nur noch sechs Eintragungen.

Deshalb sollte man Sanktionen nicht inflationieren, indem man jede Kleinigkeit bestraft, sondern die Balance wahren zwischen Toleranz jugendlichen Ungestüms und jugendgemäßen Probierverhaltens und den Ansprüchen der Institution. Liegt jedoch ein wiederholter, klarer Regelbruch vor oder begeht ein Schüler wiederholt Übergriffe gegen Mitschüler, ist er so zu sanktionieren, dass er die Strafe als unangenehm empfindet.

Eine Strafe, die als Kleinigkeit, als Bagatelle empfunden wird, ist höchstens formal eine Strafe. Auf jeden Fall ist sie wirkungslos. Unangenehm kann so der befristete Ausschluss vom Unterricht sein, bei dem der Schüler jeden Mittag nach Schulschluss im Lehrerzimmer seine Hausaufgaben für den nächsten Tag abholen muss und sie am nächsten Morgen vor Schulbeginn abzuliefern hat, und sonst das Schulgelände nicht betreten darf. Unangenehm kann der Ausschluss von einer Klassenfahrt sein. Unangenehm kann eine Klassenkonferenz sein, in der der Schüler vor Eltern und Lehrern Stellung zu seinem Fehlverhalten nehmen muss.

Es kann hier nicht darum gehen, einen Katalog aller möglichen Sanktionen aufzustellen. Die Strafen müssen Teil der pädagogischen Konzeption einer Schule sein. Nur sollte bei gravierendem Fehlverhalten immer konsequent sanktioniert werden. Sonst glauben einige Schüler, dass Schule ein Schonraum ohne Konsequenzen sei. Dann kann es passieren, dass ein Schüler, der über zwei Jahre hindurch eine Mädchen drangsaliert und sexuell belästigt hatte, im Moment, als alles aufkommt, kaltschnäuzig von sich gibt: *„Ich versteh die ganze Aufregung nicht. Mir passiert doch sowieso nichts. Hier kann man sich ja alles erlauben."*

Sanktionen, die einen Kontext zum Fehlverhalten vermitteln, gelten als besonders wirkungsvoll: Aber Obacht, der Teufel steckt im Detail! So wurde eine Gruppe von Schülern, die die frisch gestrichene Toilette mit Schmierereien verunreinigt hatten, von mir dazu angehalten, dies wieder selbst in Ordnung zu bringen: Ich hatte damit mehr Mühen, als ich vorausgesehen hatte. Elternbriefe mussten aufgesetzt werden, meine eigene Anwesenheit bei den Arbeiten war nötig, um das vollständige Erscheinen aller zu überprüfen. Als ich nachher die Arbeit begutachtete, war ich entsetzt. Der Anstrich war miserabel ausgeführt worden, sodass der Termin neu angesetzt werden musste. Hier handelte es sich übrigens nicht um bösen Willen. Mir war nicht klar, wie selten unsere individualisierten Kinder zu häuslichen Arbeiten herangezogen werden.

Damit Sanktionen sich nicht negativ auf die Beziehung zwischen Lehrer und Schüler auswirken, sollten sie von folgender Haltung begleitet werden: Du hast dich hier falsch verhalten, das war deine Entscheidung, das Verhalten widerspricht der Art und Weise, wie wir miteinander umgehen wollen. Das kann ich und will ich nicht hinnehmen, deshalb wirst du sanktioniert. Tritt das Verhalten nicht wieder auf, ist die Sache damit abgeschlossen.

Man muss kein Held sein ...

6. Kapitel

Mobbing
in der Schule

 Kapitel

Zum Abschluss des Buches möchte ich auf schulisches Mobbing eingehen. Viele der Lehrerfortbildungen, die ich in der letzten Zeit durchgeführt habe, hatten Mobbing zum Thema, und da bei diesen Fortbildungen immer auch konkrete Fälle aus dem Schulleben erörtert und bearbeitet wurden, ist mir deutlich geworden, dass es wohl kaum eine Schule gibt, die frei ist von Mobbing und dass auf der anderen Seite viele Kollegen erhebliche Mühe haben, kompetent Mobbing wahrzunehmen oder gar Mobbingprozesse in ihren Klassen zu beenden. Die Schlussüberlegungen dieses Buches sollen eine Hilfe sein. In diesem Kapitel wird zunächst erläutert, was Mobbing genau ist, um anschließend Möglichkeiten der Prävention, der Intervention und der Sanktion aufzuzeigen.

Mobbingvorwürfe können eine Waffe sein

Mobbing ist nicht neu, wenn auch der Begriff modern ist. Allerdings ruft die Individualisierung neue Formen des Mobbings hervor. Wurden früher Jugendliche in der Schule in erster Linie deshalb gemobbt, weil sie gegen anerkannte Normen oder Werte verstießen, haben gegenwärtige Mobbingprozesse etwas Regelloses. Jeder kann gemobbt werden. Auch wenn es Kinder gibt, die schneller zu Opfern werden – meist sind es sensible, weniger angepasste Kinder – kann jedes ein Opfer von Mobbing werden. Diejenigen, die Mobbing ausüben, haben sehr unterschiedliche Motive. Sie handeln ich-zentriert, weil sie ohne Empathie und Wertebewusstsein handeln, weil sie gelangweilt sind, weil sie Spaß empfinden, Macht auszuüben, weil sie Akzeptanz in Peergruppen erreichen wollen, weil sie individuelle Konflikte mit Hilfe der Gruppe austragen wollen, weil sie Konkurrenten um Schulerfolge ausschalten wollen, weil sie seelische Verletzungen kompensieren wollen und aus weiteren Anlässen.

Die Daten über die Häufigkeit von Mobbing in der Schule schwanken, abhängig auch davon, was jeweils unter Mobbing verstanden wird: Man kann davon ausgehen, dass ungefähr jedes 10. Kind im Laufe seiner Schulzeit Opfer von Mobbing wird, an Gymnasien liegt die Zahl höher.

Hier unterscheiden sich statistische Daten, wohl eben auch deshalb, weil Mobbing nicht einheitlich definiert wird. Im Folgenden wird Mobbing sehr eng definiert werden. Denn die Inflationierung des Begriffs macht ihn ungenau. So wird jede systematische Boshaftigkeit zum Mobbing, und dann steigt die Zahl der vermeintlichen Opfer auf über 25 Prozent. Schwierig ist es auch, die Aussagen, dass Mobbing häufiger wird, zu beweisen. Die geschärfte Aufmerksamkeit aufgrund pädagogischer Debatten führt zumindest dazu, dass Mobbing besser wahrgenommen wird.

Allerdings habe ich aufgrund meiner Anti-Mobbingarbeit während der letzten zwölf Jahre den Eindruck, dass Mobbing häufiger wird. Untersuchungen von Dollase (R. Dollase, Was macht guten Unterricht aus?, Vortrag Bielefeld 2004) weisen darauf hin, dass sich das Klassenklima in deutschen Schulen insgesamt kontinuierlich verschlechtert: *„Auf der anderen Seite ist seit Längerem bekannt, dass deutsche Schüler und Schülerinnen ihre Lehrer als menschlich nicht sonderlich angenehm beurteilen, z.B. geben 80 % an, dass sie schon mal ungerecht beurteilt worden sind, was kein Wunder ist, weil man ja die Leistung in der mündlichen Mitarbeit, ein kaum objektiv zu beurteilender Bereich, so hoch bewertet, 55 % meinen, dass Lehrer sie vor anderen bloßgestellt haben, 52 % fühlen sich beleidigt. […] Auf Fragen wie ‚Gibt es viele Kinder, die du nicht leiden kannst?‘, nahmen die Ja-Antworten von 1974 auf 1997 um 22 % zu, mittlerweile sind es 56 %, die diese Frage bejahen. Auch die Frage ‚Macht es dir viel aus, wenn andere Kinder sich mit dir streiten?‘, wurde im Jahre 1974 von 29 % der Kinder bejaht und heute von 52 %.“*

Dass Schüler inzwischen untereinander zunehmend destruktive Konflikte austragen, die nicht selten in Mobbing ausarten, zeigt ein Blick auf eine Abiturzeitung. War es früher üblich, dass dort Lehrer angegriffen oder lächerlich gemacht werden, so sind hier die Angriffe auf die eigenen Mitschüler mittlerweile besonders heftig: Unter den Selbstportraits mit Foto und Hinweise auf Wünsche und Lebensziele, hatte die siebenköpfige Redaktion launige Kommentare über die anderen Abiturienten eingefügt: Die folgenden Zitate beziehen sich nur auf drei Schüler:

„Unecht, 2. Teil von ‚Der Coole und der Schwule‘, selten da, Poser, angeblicher Frauenheld, charmantes Lächeln, wenn man es nicht sehen muss, Schnorrer, ist geil auf jede, arrogant, unhöflich, großkotzig, Proll vom Dienst, nervig, ‚Ich bin der Klügste, Tollste, Reichste‘, Idiot, ekelig …“

„Der Spinner überhaupt, kranke Aktionen, widerlich, schlechte Erziehung, die Wuggi, furzt immer und überall, kann auf Kommando kotzen, verwirrte Person, igitt, ekelhaft …“

„Zu groß, zu alt, lethargisch, ist schon zu lange auf der Schule, verwirrt, was für ein armer Trottel …“

In derselben Zeitung wurden Umfragen zu Mitschülern durchgeführt, bei denen die Erwählten mit Namen, Foto und Prozentzahl der abgegebenen Stimmen aufgeführt wurden. Neben harmloseren Kategorien (wer hat den schönsten Hintern) wurde auch schwer Diffamierendes aufgeführt: *„Wer ist der Verwirrteste? Wer hat die schlechteste Frisur? Wer schläft als Erster unter einer Brücke?“*
(In einer anderen Abizeitung wurde stattdessen die Kategorie eingesetzt: *„Wer kommt als Erster ins Gefängnis?“* Gewählt wurde ein Schüler, dessen Vater vorbestraft ist.)
„Wer ist die größte Zicke?“ – *„Wer hat sein Abitur nicht verdient?“* – *„Wer bekommt ohne Wissen gute Noten?“* Die öffentliche Bloßstellung ist der Spaß. Nur nicht für die Bloßgestellten. Am Abend der Abifeier, an dem auch diese Zeitung verteilt wurde, stand einer der Diffamierten vor einem hohngrinsenden Redakteur und weinte: *„Ihr habt mir alles kaputtgemacht, meine ganze Schulzeit, alles.“* Die Antwort war lapidar: *„Das ist dein Problem.“*

Dass diese Redaktion auch nicht in geringem Maße ein Gefühl für Anstand hatte, zeigte die Frage: *„Wer ist der deutschen Sprache am wenigsten mächtig?"* Dabei belegten genau die drei ausländischen Kollegen der Schule die Plätze 1 bis 3.

Über eine Kritik hinaus gehen auch die Kategorien: *„Wer hat von seinem Fach auch nicht mehr Ahnung als seine Schüler?"* Und: *„Wer hätte lieber einen anderen Beruf wählen sollen?"* Hier wird der Wunsch wehzutun, zu verletzen, unter der Rubrik einer scheinbar spaßigen Kritik versteckt.

Mobbingvorwürfe werden, besonders seitdem sich die Öffentlichkeit kritisch mit Mobbing auseinander setzt, auch als Waffe eingesetzt. *„Ich werde gemobbt!"* oder *„Mein Kind wird gemobbt!"*, ist ein Angriff, der zunächst in jedem System Betroffenheit und Schuldgefühle auslöst.

Lehrer reagieren häufig auf diese Anklage mit einem schlechten Gewissen, denn sie beinhaltet ja immer auch den stummen Vorwurf, dass das Mobbing nicht geahndet oder zumindest nicht wahrgenommen wurde. Mit diesem Vorwurf wird dann Fehlverhalten entschuldigt, werden schlechte Leistungen erklärt und die Verantwortlichkeit für negative Entwicklungen auf den Lehrer geschoben. Nun soll hier nicht dazu aufgefordert werden, Aussagen von Eltern oder Betroffenen über Mobbing reflexhaft zurückzuweisen, sondern es gilt, diese ernsthaft zu prüfen.

Gerichte verurteilen inzwischen Arbeitgeber, die Mobbing zulassen, zur Zahlung von Schadensersatz. Die Summen sind beträchtlich. Wenn die erste Schule zu entsprechenden Zahlungen verurteilt wird, weil sie es unterlassen hat, Kinder vor Mobbing zu schützen, wird sich die Aufmerksamkeit von Schulen gegenüber Mobbing mit Sicherheit erhöhen.

– aber …!

Was ist Mobbing?

▶ 10 Thesen

> **1. Mobbing ist eine dauerhaftere und grundlegende Form aggressiven Verhaltens, das von einem oder mehreren Tätern ausgeht und sich meist gegen einen Angegriffenen wendet. Mobbing drückt sich in negativen Handlungen aus.**

Mobbing basiert auf Macht. Diese Macht muss weder institutionell noch intellektuell gesichert sein, wenn auch viele Mobbingprozesse hierarchisch von oben nach unten stattfinden. Macht kann auch ausgeübt werden, wenn jemand ohne Skrupel und ohne Rücksichtnahme vorgeht. Mobbing besteht nicht in einer vereinzelten Handlung, sondern es ist dauerhaft. Leymann (H. Leymann, Mobbing, Reinbeck 1993) geht davon aus, dass man erst dann von Mobbing sprechen kann, wenn die Angriffe länger als drei Monate dauern. In Schulklassen, bei Heranwachsenden, deren Persönlichkeit noch nicht gefestigt ist, würde ich schon nach einem Monat von Mobbing sprechen, weil es schon dann seine Wirkungen entfaltet.

> So weiß Michael, dass es in der nächsten Woche weitergehen wird, dass er wieder von Timm und Niko geboxt werden wird, dass sie wieder über seine Kleidung lachen, dass sie wieder sein Pausenbrot in den Papierkorb werfen werden. Und er muss fürchten, dass es in der übernächsten Woche nicht anders sein wird.

Mobbing basiert auf der grundlegenden Missachtung des anderen. Das Opfer weiß, dass seine Angreifer es missachten und sich schon deshalb das Recht anmaßen, es zu quälen. Deshalb kann man auch nicht von Mobbing reden, wenn jemand, der sonst gut gelitten ist, beispielsweise dauerhaft mit einem Spitznamen belegt wird, der ihm nicht passt. Auch gibt es keine bestimmte Handlung, die sich eindeutig auf Mobbing beziehen lässt. Alles, was einer Person schadet, kann Mobbing sein. Mobbing kann im Ausschweigen, Belügen, Bestehlen, Schlagen, Isolieren,

Ausgrenzen, Auslachen, Verleumden bestehen. Mobbing kann offen und verdeckt ausgeübt werden. Gewalt hat viele Gesichter.

In der letzten Zeit hat sich, wohl unter dem Einfluss von MTV und Reality-Sendungen des Fernsehens, ein Trend entwickelt, das Opfer öffentlich zu demütigen und bloßzustellen. So zwangen Schülerinnen und Schüler einer 9. Klasse während einer Wanderfahrt vor laufender Kamera einen Klassenkameraden dazu, die Toilette mit der Hand zu reinigen und anschließend seine beschmutzte Hand in den Mund zu führen. Nicht nur spektakuläre Folterungen werden per Video festgehalten und verbreitet, sondern auch sexuelle Demütigungen. So ließ sich eine 15-Jährige filmen, die einem sichtlich verängstigten, von mehreren Jungen festgehaltenen Mitschüler einen Beischlaf versprach, wenn sich dieser vor ihren Augen befriedigte. Einige Stufen und Klassen benutzen eigene Homepages, die schwer von außen zu kontrollieren sind, um Mitschüler und Lehrer zu diffamieren und bloßzustellen.

Aus einer Homepage einer Stufe 13 eines Gymnasiums:

„Wie ihr seht, habe ich meine Drohungen wahrgemacht! Votet nun für das schäbigste Gesicht Deutschlands."

„Wenn man von so was ne Liste machen würde, würde die endlos lang sein."

„Wir reduzieren das auf zehn Namen für's Erste."

Zunächst wurden vier Namen genannt, dann: *„Hehe, so gefällt mir das. Ich vote noch dazu …"* Der anonyme Verfasser nennt noch drei Namen, ebenfalls aus der Stufe. Jeder kann erkennen, wer gemeint ist.

„So langsam wird es mir ein bisschen übel, ja, aber in erster Linie, weil die Entscheidung so schwer fällt."

Anzumerken ist, dass die Homepage von der ganzen Stufe gelesen wurde und dass den Verfassern dies bekannt war.

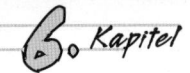

Auf derselben Homepage wird sich auch über Lehrer geäußert: *„Thema: Sind die Lehrer eigentlich alle bekloppt?"*

Eine Anonymer schreibt über eine Lehrerin: *„... auf jeden Fall hat die Alte einen Vollschaden. Das Schlimme ist: Andere Lehrer sind ja auch nicht anders."*

„... Erzählt doch mal eure Erfahrungen mit verballerten Lehrern!"

„Ja, und es bestätigt sich jeden Tag aufs Neue."

„Ich will ERFAHRUNGEN hören und keine Bestätigungen."

„Du hast auch andere verstrahlte Lehrer ..."

An einem Gymnasium gelang es versierten Hackern, sich in die Homepage ihrer Schule einzuloggen. Auf der zweiten Seite fügten sie eine Kontaktanzeige ein, in der eine Oberstufenschülerin mit ihrem Namen und ihrer korrekten Telefonnummer als Hure angepriesen wurde, die gegen geringes Entgelt die perversesten Ansprüche befriedigen würde. Als die Betreffenden aufflogen, wiegelten sie ab: Das sei doch alles nur ein Spaß! Gerade weil die neuen Medien Anonymität versprechen, toben sich hier viele hemmungslos aus. Es scheint, als sei wirklich alles erlaubt.

2. Mobbingprozesse wirken sich auf die gesamte Klasse aus, in der sie stattfinden, also auch auf scheinbar Unbeteiligte.

Mobbing hat also systemischen Charakter. Denn wenn in einer Klasse über Monate Mitschüler übel beschimpft werden, hält man Beschimpfungen für normal. Wenn man immer wieder sieht, wie jemand geschlagen wird, empört man sich irgendwann nicht mehr darüber, sondern findet es normal. So ruft Mobbing in Klassen aggressive Verhaltensweisen hervor und behindert die Lernmöglichkeiten.

Es gibt Klassen, in denen jeder Lehrer einen schweren Stand hat. Die Schüler machen nur zögerlich mit, riskieren keine offenen Äußerungen oder die Darstellung von Persönlichem. Bei genauem Beobachten fällt auf, dass man sich gegenseitig beinahe ängstlich beobachtet. Oft bestimmen einige Schüler durch ihre Körpersprache, wann gelacht und über was gelacht wird. Diese „toten" Klassen sind sehr oft durch Mobbingerfahrungen geprägt worden. Oft bemerken die Lehrer in diesen Klassen das Mobbing nicht. Die Schüler haben die Erfahrung gemacht, dass jeder angegriffen werden kann und dass die Schule ihnen keinen Schutz bietet. Sie vermeiden deshalb ängstlich, Angriffsflächen zu bieten. Das Lern- und Arbeitsverhalten richtet sich daran aus.

In Klassen, in denen ein geringes Zusammengehörigkeitsgefühl herrscht, kann Mobbing eine Art Gemeinschaftsgefühl hervorrufen, nach dem Motto: *„Wir halten zusammen gegen …"* oder *„Wir machen den gemeinsam fertig."* Dieses Gemeinschaftsgefühl basiert auf der Missachtung von Normen und Werten, es wird mit dumpfen Kategorien wie Kameradschaft mit Leben gefüllt. Diese beschworene angebliche Kameradschaft wird als Druckmittel benutzt, den Schein nach außen zu wahren und das Schweigegebot einzuhalten. Wer dann Übergriffe nach außen trägt, gilt als Petzer oder Kameradenschwein. Das kann sogar zu mafiösen Strukturen führen, wie in einer 10. Realschulklasse, wo von den 27 in der Turnhalle anwesenden Schülern keiner gesehen haben wollte, wie der Klassenboss eine Schülerin besinnungslos schlug.
Allerdings sind diese Kameradschaften in der Regel brüchig, weil das Gemeinschaftsgefühl unecht ist. Es erlaubt ja die Attacke auf jeden, der nicht zur Gemeinschaft gehört. Die Definitionsmacht, wer dazugehört und wer nicht, besitzen nur wenige.

In vielen Klassen ist ein rüder Ton zwischen den Schülern normal geworden. Es gilt als normal, Schwächen bloßzustellen und zu attackieren. Diese Verhaltensweisen lassen sich nicht ausschließlich durch Mobbing erklären, oft werden sie aber durch Mobbing ausgelöst und lösen ihrerseits wieder neues Mobbing aus.

Dass sich Schüler sehr schnell an Mobbing gewöhnen, zeigt das folgende Beispiel:

Mit einer 5. Klasse sollte ich über Mobbing arbeiten. Ein Junge, Valentin, wurde brutal ausgegrenzt und attackiert. Man warf ihm vor, schwul zu sein. Seine verzweifelten Bemühungen um Kontakt wurden unterbunden, indem eine Gruppe von sechs Jungen jedem, der mit Valentin auch nur sprach, sofort homosexuelle Neigungen vorwarf. Weil ich unmittelbar vor der Stunde mit Valentin gesprochen hatte, war ich wütend und agierte ungeschickt:

„Ihr wisst doch alle, dass der Valentin nicht schwul ist. Findet ihr euer eigenes Verhalten nicht ekelhaft?" Schweigen. Nach einiger Zeit meldete sich ein zierliches Mädchen.

„Am Anfang fand ich das auch richtig doof. Aber dann war das irgendwie normal, nach einer Zeit. Und zum Schluss habe ich den Valentin auch schwul genannt. Leider."

3. Mobbing schafft Angst, weil es jeden treffen kann.

Wenn man Schüler fragt: *„Warum hast du mitgemacht?"*, erhält man oft die Ausrede zur Antwort: *„Weil ich Angst hatte, selbst gemobbt zu werden."* Diese Angst entsteht auch, weil Mobbing oft regellos stattfindet. Ein attraktives Mädchen wird aus Konkurrenzgründen attackiert, ein übergewichtiges wird angegriffen, weil es ein leichtes Opfer ist. Oft genügt ein Vorwand, von dem alle wissen, dass er aus der Luft gegriffen worden ist, um Mobbing zu initiieren. Jeder muss befürchten, Opfer zu werden. Diese Angst verhindert auch, dass Mitschüler, die selbst das Mobbing ekelhaft finden, sich auf die Seite des Gemobbten schlagen oder den Lehrer informieren. Die Angst hat noch eine andere Seite: Sie bestimmt die Verhaltensweisen gegenüber Mitschülern. Es entsteht eine Art Urmisstrauen: Und auf dieser Grundlage entstehen wiederum bestimmte Verhaltensweisen: Man gibt sich grob, unsensibel, großkotzig, aggressiv. Bevor die mich angreifen, greife ich selbst an.

> **4. Mobbing ist nur möglich, wenn das soziale Feld, in dem Mobbing stattfindet, das Mobbing zulässt. Mobbing ist also auch ein Gruppenproblem.**

Vor einigen Monaten hatte mich die Schulleitung eines Gymnasiums eingeladen, um über Mobbing zwischen den Kollegen zu arbeiten. Dort war die Situation eskaliert. Eine neue Kollegin, die viel Engagement und noch mehr Fähigkeiten hatte, wurde von den Schülern gemocht, war nach kurzer Zeit zur Vertrauenslehrerin gewählt worden und war wegen eines pressewirksamen Projektes öffentlich von der Schulleitung gelobt worden. Danach setzte das Mobbing ein: Zwei Kunstlehrer äußerten laut, dass nun, wo die neue Kollegin den Schlüssel zu den Fachräumen hätte, immer wieder wertvolles Werkzeug verschwinde. Man wolle ja keinen Verdacht aussprechen, merkwürdig sei es trotzdem. Kurz danach wurden Gespräche unterbrochen, wenn die Neue das Lehrerzimmer betrat.
Der Kollege, der neben ihr saß, räumte seinen Stammplatz. Ein anderer packte demonstrativ seinen Füllhalter ein, als die Neue sich ihm gegenüber hinsetzte. Das sei ein besonders wertvolles Stück. Da gehe er lieber auf Nummer sicher. Später wurde verbreitet, wie lange doch die Neue sich im Schulleiterzimmer aufhalte. Da werde sicher mit allem Einsatz an der Karriere gebastelt. Diese Gerüchte konnten nur in Umlauf gebracht werden, weil die Kollegen keine gemeinsame ethische Grundhaltung hatten und weil es keinen Einzigen im Kollegium gab, der offen gesagt hatte: *„Was soll der Mist? Hört damit auf."*

Genauso ist Mobbing in Schulklassen nur möglich, weil sich die Kinder an ein traditionelles Schweigegebot halten, weil sie Hilfe und Petzen nicht unterscheiden, weil sie Angst haben und weil die Klasse Kumpanei und Solidarität verwechselt. Wenn der einzelne Unbeteiligte das Mobbing wirklich beenden will, hat er gute Chancen erfolgreich zu sein.
Mit dieser Aussage konfrontiert antworten Schüler oft:
„Ja, ich habe doch dem Winkel gesagt, er soll damit aufhören. Aber das hat ja nichts genutzt." Fragt man weiter: *„Was hast du denn noch gemacht?"*, kommt in der Regel die Antwort: *„Wie, äh, nichts."* – *„Dann warst du nicht wirklich entschlossen, das Mobbing zu beenden."* – *„Wieso das denn nicht?"* – *„Du hättest zum Beispiel Mitschüler suchen können, mit denen du gemeinsam hättest vorgehen können. Du hättest dem Winkel*

sagen können, dass du sein Verhalten nicht hinnehmen willst, wenn er nicht aufhört. Man kann zum Beispiel Eltern und Lehrer informieren. Man kann den Beratungslehrer um Hilfe bitten. Und man kann sogar, wie ich es in einem Fall erlebt hatte, als der Klassenlehrer auch auf die Bitte von drei Schülern nicht eingriff, direkt zur Schulleitung gehen." – „Ich petz, doch nicht." – „Okay, du petzt nicht. Aber damit hast du dich entschieden, dass Winkel weiter quälen darf und dein Mitschüler kaputtgeht oder irgendwann aufgibt und die Schule verlässt."

Es gibt allerdings auch Klassen, die anders handeln, in denen Mobber keine Chance haben: Joachim wirkt auf den ersten Blick wie der geborene Trottel. Er ist groß, ungelenk, verträumt, bekommt einen roten Kopf und stottert, wenn er aufgeregt ist. Joachim ist das ideale Opfer, nur, er ist kein Opfer. Die Klasse schützt ihn. Auf dem Schulhof und vor Lehrern.
„Das ist unser Joachim. Und dem tut keiner was." – In einer anderen Klasse wäre Joachim schon gescheitert. Hier wird er bald in die Oberstufe versetzt.

Wenn in einer Klasse zwei Jahre lang zugesehen wird, wie ein Junge, unterstützt von drei Helfern, eine Mitschülerin demütigt und sexuell belästigt, ist das auf der einen Seite ein klarer Beleg, dass die Klassengruppe miserabel ist. Aber auch die Lehrer haben zwei Jahre lang alle möglichen Warnzeichen übersehen. Sie sind die ganze Zeit über von keinem in der Klasse als Vertrauensperson betrachtet worden.

An dieser Stelle muss man auch über die Eltern nachdenken. Wenn kein Elternteil von den über 50 aus der Klasse von seinem Kind informiert wurde, ist das auch Ausdruck einer miserablen Beziehung zwischen Kind und Eltern oder zumindest einer misslungenen Werteerziehung. Es zeigt auch, dass diese Eltern falsche Fragen zur Schule und zum Schulleben stellen. Sicher sind Noten wichtig, aber sie sind nicht das einzig Wichtige. Eltern, die lediglich Interesse am Schulerfolg zeigen, signalisieren, dass soziales Miteinander und Zufriedenheit im Klassenverband nichts bedeuten. Ihre Kinder werden sich entsprechend verhalten. Sind jedoch die Eltern informiert worden, dass ein Mitschüler ihres Kindes über einen langen

Man muss kein Held sein …

Zeitraum gequält und gedemütigt wird, dann haben sie mit Gleichgültigkeit reagiert, denn kein Elternteil hat sich an die Lehrer oder gar die Schulleitung gewandt. Ich vermute, dass sich diese Eltern sagen: *„Was geht uns das an? Denn schließlich ist es ja nicht unser Kind, das gequält wird. Und vielleicht schadet es ja unserem Kind, wenn wir eingreifen."*
Bei dieser sozialen Kälte und diesem Untertanengeist muss sich niemand wundern, wenn solche Eltern Kinder erziehen, die nicht in der Lage sind, empathisch und sozial verantwortungsvoll zu handeln.

5. Mobbing ist ein Täterproblem

Es gibt unangenehme Menschen. Es gibt aggressive und üble Verhaltensweisen. Beides ist keine Entschuldigung und keine wirkliche Ursache für Mobbing. Sie liegt nur im Mobbenden selbst. Er muss nicht mobben, sondern er hat sich dazu entschlossen. Nichts zwingt ihn. Die häufig gestellte Frage: *„Was hat das Opfer nur an sich, dass es Opfer geworden ist?"*, ist falsch. Selbst wenn sich jemand nicht anpasst, selbst wenn er ein Streber ist (in manchen Klassen ist jeder, der irgendeine Form von Interesse zeigt, ein Streber), selbst wenn er protzt, angibt oder intrigiert: Man kann ihm aus dem Weg gehen, man kann sich auch gegen Angriffe wehren, aber man muss ihn nicht mobben. Der Unterschied zwischen der Abwehr aggressiver Verhaltensweisen und Mobbing ist klar erkennbar. Bei Ersterem geht es um die Wahrung eigener Interessen und Würde, bei Letzterem geht es um Diffamierung und Angriff.

Die 7. Klasse einer Hauptschule. Ein Schüler stinkt; er wäscht sich nicht. Auf Anrufe und Appelle der Lehrer reagiert die Mutter gleichgültig. Sie müsse früh aus dem Haus, könne sich nicht um alles kümmern. Im Übrigen sei der Junge alt genug. Es ist verständlich und kein Mobbing, wenn die Mitschüler sich nicht neben ihn setzen wollten, wenn sie ihm, der auch nach Aussagen der Lehrer übel riecht, aus dem Weg gingen. Das Mobbing begann erst, als sich die Schüler entschieden hatten, ihm Hundekot in die Tasche des Anoraks zu stecken und getrocknete Kuhfladen in seine Schultasche.

Nach meinen Erfahrungen haben viele Mobber mit sich selbst erhebliche Probleme. Typisch dafür sind die Attacken auf vermeintliche oder echte Schwule. Wer es jedoch nötig hat, Menschen mit anderen sexuellen Neigungen anzugreifen, hat offensichtlich mit seiner eigenen Sexualität ein Problem. Viele „Schwulenhasser" sind selbst latent schwul und hoffen durch Aggressivität ihre eigenen homophilen Neigungen zu überspielen. Wenn in Klassen sexuelle Angriffe dieser Art erfolgen, sollte man diesen Gedanken in aller Klarheit und Ausführlichkeit darlegen.

Allerdings sollte man sich hüten, Mobber als die Bösen schlechthin zu dämonisieren. Viele Schüler machen mit, weil sie dazugehören wollen, weil sie Angst haben ausgeschlossen zu werden. Auch Mobber sind zur Einsicht fähig. In meiner Moderatoren-AG arbeitet ein Schüler mit, der früher aktiv gemobbt hat: „Es hat einfach auch Spaß gemacht. Man steht im Mittelpunkt, wird gefürchtet, hat Macht. Und immer hatte ich die Lacher auf meiner Seite. Erst später ist mir klar geworden, was ich Gregor angetan hatte."

> **6. Mobbing, das von Lehrern weder erkannt noch sanktioniert wird, greift die Beziehung zwischen Lehrer und Klasse an, da Lehrer als ahnungslos und hilflos wahrgenommen werden.**

Das belastet Lehrer, weil sie spüren, ihre Klasse nicht mehr erreichen zu können. Mobbing kann ein Indikator für eine gestörte Kommunikation zwischen Lehrer und Klasse sein.

Ein Schüler berichtet: „Bei uns in der Klasse wurden zwei gemobbt. Ein Junge und ein Mädchen. Ziemlich brutal. Beide haben schon in der Klasse geweint. Ich habe mit meiner Mutter darüber geredet. Sie hat mir gesagt, ich sollte mit unserem Klassenlehrer sprechen. Ausgerechnet an dem Tag hat er gesagt, dass man ja einiges über unsere Klasse sagen könnte, aber wir hätten eine tolle Klassengemeinschaft und würden prima zusammenhalten. Einige haben sogar gelacht. Leise. Ich bin dann nicht zu dem Blinden gegangen. Das hätte sowieso nichts genützt."

7. Mobbing macht krank. Physisch und psychisch. Gerade Kinder und Jugendliche verändern sich oft dadurch, dass sie immer wieder Demütigungen und Angriffen ausgesetzt werden.

Wenn Menschen über einen längeren Zeitraum dauernde Anfeindungen erleben, entwickeln sie oft Verhaltensweisen, die von ängstlicher Selbstbeobachtung, von Selbstzweifel, Anpassung oder Abwehr und Misstrauen bestimmt sind. Zudem wird der Angegriffene beeinträchtigt in seinen Möglichkeiten sich zu entwickeln, zu lernen, Leistungen zu erbringen, zu spielen, zu arbeiten, zu kommunizieren und sich zu informieren.

In all den Jahren, in denen ich mich mit schulischem Mobbing auseinander gesetzt habe, habe ich kein Opfer lang anhaltenden Mobbings kennen gelernt, das nicht **psychische Veränderungen** gezeigt hätte. Johanna reagiert seitdem überempfindlich. Martin war vor dem Mobbing ein freundlicher, sensibler, verspielter Junge. Danach hatte er sich der rüden Aggressivität seiner Peiniger angepasst. Fabian hat seine Spontaneität verloren. Er spricht wie einstudiert, lauert ängstlich auf Reaktionen seiner Gesprächspartner. Janine fühlt sich dauernd verfolgt. Sarah war drei Jahre in Therapie, hatte ständig Ängste und quälende Alpträume. Die Liste ließe sich fortsetzen. Außerdem ist ein enger Zusammenhang von Mobbing und Schulversagen zu beobachten. Viele Wiederholer wurden zuvor in ihren Klassen gemobbt, manchmal bleiben sie sogar bewusst sitzen, um ihren Peinigern zu entrinnen. Die reagieren oft zynisch.

Mobbing kann sich zunächst auch nur auf die **physische Gesundheit** auswirken. Mitten im Handballtraining brach eine 14-Jährige zusammen. Sie verlor das Bewusstsein. Im Krankenhaus wurden Herzrhythmusstörungen diagnostiziert. Die ratlose Trainerin, eine Referendarin, erfuhr nach langen Gesprächen, dass die Schülerin in ihrer Klasse als „Schwangere" gemobbt wurde. Anfangs versuchte sie, die Gemeinheiten zu ignorieren, aber die Angriffe hörten nicht auf. Man diskutierte in ihrer Gegenwart über die Modalitäten der Zeugung und überlegte laut, welche Horrorfigur wohl der werdende Vater sein könnte. Ihr Klassenlehrer, dem sie sich schließlich offenbarte, hielt Rücksprache mit den Peinigern und glaubte ihnen, dass die Schülerin humorlos sei und einen harmlosen Scherz bewusst missverstehen wollte. Sie schluckte ihren Ärger und ihre Verletzungen runter, bis zu ihrem Zusammenbruch.

8. Es gibt auch Mobber, die Opfer ihres eigenen Verhaltens werden. Sie fürchten, dass andere genauso handeln könnten wie sie.

Mobber verlieren Maßstäbe für den Umgang mit anderen. Aktive Mobber wiederholen deshalb häufig ihr aggressives Verhalten. Sie haben in der Regel kein Schuldgefühl.

Bis zur 10. Klasse war Tim akzeptiert und gefürchtet. Er hatte viele Kumpels, wie er sagte. Geschickt zog er, von keinem Lehrer behelligt, die Fäden im Hintergrund. Oft schickte er Torben vor, der für ihn die Drecksarbeit machte. Torben fiel auf. Nach der Klassenkonferenz wollte er nicht mehr mitmachen. Tim verdächtigte ihn, gegen ihn zu intrigieren. Torben zog sich zurück. Tim beschuldigte einen Unbeteiligten, Torben aufgehetzt zu haben. Das ging weiter, bis Tim in der Klasse isoliert war.

Mobbing ist kein spontaner Angriff aus Wut, sondern es hat System. Es wird immer wieder praktiziert. Und nur derjenige, der sein Tun für gerechtfertigt hält, hält Mobbing durch. Dabei geben Täter oft bizarre Entschuldigungen an: *„Der ist blöd, der braucht das." – „Wir können den einfach nicht leiden." – „Die ist so arrogant." – „Das macht Bock." – „Wenn die sich das gefallen lässt …"* Und selbst auf Klassenkonferenzen zeigen sich viele Täter uneinsichtig: *„Der hat doch selbst Schuld." – „Keiner kann den leiden." – „Wenn der doch so ein Streber ist."*

Nach meiner Erfahrung sind viele Mobber nicht in der Lage, empathisch zu fühlen und zu handeln. Nur deutliches Einwirken von außen hält sie auf. Und wenn Mobber trotz Ermahnung und Aussprachen weitermachen, müssen sie sanktioniert werden. Dann wird nicht nur dem Opfer geholfen, sondern auch dem Mobber selbst. Denn dann muss er sich bemühen, wieder auf normalem Wege Beziehungen zu Mitschülern aufzunehmen. Das wird ihm auch für seine Zukunft nutzen. In gut geführten Betrieben werden Mobber nämlich entlassen.

> **9. Mobbing wird verdeckter ausgeübt als andere Gewaltformen und wird deshalb von Lehrern und Eltern oft nicht wahrgenommen, zumal die Angegriffenen Schwierigkeiten haben, sich in ihrer Not selbst als Opfer zu erkennen oder sich anderen zu offenbaren.**

Unbeteiligte haben oft Angst, selbst Opfer zu werden. An Lehrer oder Eltern wenden sie sich nicht, weil sie Angst haben, aus der Klassengemeinschaft ausgestoßen zu werden. In der Regel sind es, was schulisches Mobbing betrifft, nicht die Opfer, die das Mobbing bekannt machen, sondern Mitschüler, die sich durch die Klassenatmosphäre bedrückt fühlen, oder Eltern, die die Not ihrer Kinder erkennen. Was keinesfalls selbstverständlich ist, denn die Opfer schweigen oft genug auch hier. Es ist wohl so, dass Mobbing das Selbstwertgefühl so tief verletzt, dass es den Betroffenen schwer fällt, die eigene Rolle klar zu sehen und um Hilfe zu bitten. Die (anfängliche) Sprachlosigkeit der Opfer ist erschreckend. Noch erschreckender ist jedoch der Versuch, sich durch das Herunterspielen der erlittenen Demütigungen mit den Tätern zu arrangieren, in der Hoffnung, in Zukunft unbehelligt zu bleiben.

Martin war über zwei Jahre lang von drei Schülern regelmäßig beschimpft, geschlagen, gedemütigt worden. Auf die Bitte seines Lehrers hin fertigte er ein Protokoll an, in dem er die Übergriffe sachlich beschrieb. Andere Mitschüler und in Teilen auch die Täter bestätigten die Vorkommnisse. Allerdings sagte derselbe Martin auf der Klassenkonferenz aus, dass die Vorfälle so schlimm nicht gewesen seien. Auf meine Frage, was denn dann schlimm sei, schwieg er.

In vielen Klassen herrscht ein Schweigegebot. Aggressive Schüler verteidigen es nachdrücklich. So erklärte mir in einem Gespräch ein Mittelstufenschüler, dessen Klasse bereits drei Kinder wegen Mobbings verlassen hatten: *„Immerhin halten wir gut zusammen."* – *„Wie meinst du das?"* – *„Na ja, immerhin ist keiner von uns zum Lehrer gegangen und hat sich da ausgeheult. Wir haben eine gute Klassengemeinschaft."* – *„Ihr habt drei Schüler rausgemobbt. Und ein vierter steht auf der Kippe. Was ist dann eine schlechte Klassengemeinschaft?"*

Viele aggressive Mobber handeln gerissen. Sie wissen, wen, wo und wie sie mobben können, ohne aufzufallen. Wenn Lehrer auf den Klassenzusammenhalt und rücksichtsvollen Umgang miteinander achten, findet Mobbing in den Pausen statt. Und Demütigungen sind nicht mehr sichtbar, wenn der Unterricht beginnt. Außerdem lassen sich verbale Attacken und leichtere körperliche Übergriffe schnell als „Spaß" oder „nicht so gemeint" verharmlosen. Wenn dann noch eine Entschuldigung folgt, wird in der Regel nicht eingegriffen.

10. Lehrer können Mobbing beenden, wenn sie …

➡ kommunikativ mit der Klasse umgehen.
➡ ihren Schülern aufzeigen, welche Mechanismen Mobbing hat, und ihnen Wege anbieten, wie sie gegen Mobbing vorgehen können.
➡ das Schweigegebot durchbrechen.
➡ mit Kollegen kooperieren.
➡ die Ressourcen der Schule wahrnehmen.
➡ bereit sind, gegebenenfalls hart zu sanktionieren.
➡ ein positives Vorbild abgeben.

Diese Aufzählung ist nicht als eine komplette Liste zu sehen, die abgehakt werden muss. Mobbing, das zeigt die Erfahrung, wird von vielen Klassen als Last empfunden und die meisten Schüler sind froh, wenn sie eine Chance sehen, das Mobbing zu beenden. Viel ist gewonnen, wenn ein Lehrer zeigt, dass er sich für die Belange der Klasse wirklich interessiert, dass er zuhören kann, dass er verlässlich Verabredungen einhält und dass er konsequent und gerecht handelt.

Im Gespräch mit der Klasse hilft beispielsweise die Klärung, dass es keinesfalls als Petzen anzusehen ist, wenn man Mobbingopfern hilft, indem man sich an den Lehrer wendet. Petzen dient nämlich dem eigenen Vorteil. Wenn dann der Lehrer noch verbindlich verspricht, dass er keinen, der sich bei ihm über Mobbing in der Klasse ausspricht, öffentlich gegen dessen Willen nennen wird, und dass es ihm genügt zu erfahren, dass ein bestimmter Schüler angegriffen wird und es dabei nicht notwendig ist, dass man ihm die Namen von Mobbenden nennt, ist die Wahrscheinlichkeit groß, dass sich Schüler tatsächlich an ihn wenden.

Wenn er dann noch klarmacht, dass er nicht bereit ist, Mobbing hinzunehmen und zukünftig jedes Mobbing hart sanktionieren wird, nimmt er vielen Mobbern die Lust. Klarheit schafft die rhetorische Frage, wie man sich wohl als Lehrer entscheiden würde, wenn es darum ginge, wer die Schule verlassen solle: Der Mobber oder der Gemobbte?

Wie kann man Mobbing wahrnehmen?

Die folgenden Ausführungen über das Wahrnehmen von Mobbing und Präventionsmöglichkeiten werden nur in Stichworten ausgeführt. Sie genügen, um klarzumachen, welche Möglichkeiten ergriffen werden können. Selbst wenn Mobbingopfer und Klassen oft schweigen, lässt sich Mobbing erkennen. Indikatoren für Mobbing **können** sein:

Beim Einzelnen:
- plötzlicher Leistungsabfall,
- ängstliches, überangepasstes Reagieren auf Mitschüler,
- Ausweichen, wenn er vom Lehrer angesprochen wird,
- Schulangst, Unlust,
- plötzliche Verhaltensänderungen, meist Rückzugsverhalten, oft Verstummen,
- häufiges Fehlen, somatische Probleme, Krankheit oder
- klammern an Mitschüler, die mit ihm freundlich umgehen, oder an den Lehrer, bei dem er Schutz vor der Klasse sucht.

Bei der Klasse:
- Ausweichen, wenn über Klassenprobleme diskutiert werden soll,
- Isolation des Betroffenen (Gruppenarbeit, Pausen, Sport),
- hämisches Lachen über Fehler,
- passives Verhalten der gesamten Klasse,
- Dominanz von Schülern mit aggressivem Verhalten und geringer Sozialkompetenz,
- aggressive, rüde Umgangsformen,

– aber …!

→ geringer Zusammenhalt oder Zusammenhaltsgefühl, das auf gemeinsamen Feindbildern besteht,

→ allgemeine Unlust,

→ Schimpfen über das Klassenklima und die Klassenkameraden,

→ geringe Bereitschaft zu Klassen- aktivitäten, auch zu unterhaltsamen,

→ Gleichgültigkeit gegenüber der Ein- richtung der Klasse, Verschmutzung des Klassenraums,

→ für gemeinsame Aufgaben lassen sich keine Freiwilligen finden,

→ geringes Vertrauen in Lehrer, abfällige Äußerungen über Lehrer allgemein.

Methoden, mit denen Mobbing zu erkennen ist:

→ Austausch mit Kollegen,

→ Elterngespräche, in denen Eltern beispielsweise gefragt werden, wie wohl sich das Kind in der Klasse fühle,

→ Kooperation mit Peers, Paten,

→ Gespräche mit Schülern über die Situation der Klasse, die man als sozial kompetent ansieht,

→ das Miteinander in Pausen, Sportstunden, während Gruppenarbeitsphasen und auf Klassenfahrten gezielt wahrnehmen,

→ Austausch mit der Klasse über Beobachtungen (*„Ich habe mitbekommen, dass während der Gruppen- arbeit Marks I left ...“, „Was läuft da eigentlich?“*),

→ Einsetzen von Fragebögen, die anonym und unter Klassenarbeitsbedingungen ausgefüllt werden,

→ Unterrichtseinheiten, in denen Mobbing zum Thema gemacht wird,

→ über Mobbing aufklären und die Reaktionen der Klasse beachten, evtl. direkt die Klasse ansprechen, ohne jedoch Einzelne bloßzustellen.

Präventionsmöglichkeiten gegen Mobbing

Ein bewährtes Mittel ist die Aufklärung. Sie kann mit Hilfe der Definition dieses Buches geschehen, sie kann über die Lektüre von Jugendbüchern geschehen, in denen Mobbing thematisiert wird (z.B.: J. Nilsson, … und raus bist du!, München 2001), und über den Lehrfilm „Die geheime Gewalt" (focus film München), der in vielen Bildstellen ausgeliehen oder direkt bestellt werden kann.

Aufklärung ist erfolgreich, wenn es gelingt, die Klasse zu aktivieren, sie aus der Zuschauerrolle in die des Akteurs zu bringen. Einige konkrete Stundenvorschläge habe ich dazu in meinem Buch „Schule gegen Mobbing und Gewalt" (W. Kindler, Gegen Mobbing und Gewalt, Seelze-Velber 2002, 157 ff.) entwickelt. Aufklärung muss sich nicht direkt auf Mobbing selbst beziehen, sondern kann auch durch Schulung des Konfliktverhaltens und durch das Einüben kommunikativer Techniken erfolgen. In diesem Buch finden Sie entsprechende Anregungen.

Als erfolgreich hat sich herausgestellt, klarzumachen, dass aggressives, rüdes Verhalten keinesfalls Stärke, sondern in der Regel kommunikative Hilflosigkeit und persönliche Ängste und Schwächen ausdrückt.

Auch Eltern kann man über Mobbing generell aufklären und sie um Mitarbeit gegen Mobbing in der Klasse bitten. Diese kann darin liegen, dass Sie die Eltern informieren, wenn sie den Eindruck haben, dass die Klassengemeinschaft in eine Schieflage gerät. Eltern können auch ihren Kindern klarmachen, dass das Ausgrenzen Einzelner allen schadet. Sie können ihren Kindern konfrontativ begegnen, wenn sie verächtlich über Mitschüler sprechen, und Eltern können ihnen klarmachen, dass es einen Unterschied macht, ob man sich gegen einen Übergriff wehrt, sich von einem aggressiven Schüler fern hält oder ob man ihn mobbt.

Es ist auch für Ihre Arbeit in der Klasse entscheidend, ob Eltern beispielsweise mögliche Sanktionen – auch gegen eigene Kinder – mittragen oder ob sie vehement aggressives Verhalten verteidigen oder sogar unterstützen („Man muss sich überall im Leben durchsetzen."). Einen Sinn machen auch Maßnahmen, durch die die Klasse selbst aktiviert wird, das Zusammenleben zu gestalten. Das Buch gibt hier mehrere Anregungen.

Man kann die Faustregel aufstellen: Je mehr es gelingt, die Schüler an der Aufstellung von sozialen Regeln zu beteiligen, desto mehr sind sie bereit, diese Regeln einzuhalten.

Sie sind ein Vorbild. Im Guten wie im Schlechten. Wenn Sie den Schülern einen respektvollen, akzeptierten Umgang vorleben, gestalten Sie das Klassenklima mit. Auch schlechte Schüler haben ein Recht auf Ihre Achtung. Dazu gehört auch, dass Sie in Ihrem Unterricht gegenseitige Diffamierungen und Angriffe, Beschimpfungen und dergleichen mehr unterbinden. Zeigen Sie der Klasse, dass Ihnen das Miteinander wichtig ist, nehmen Sie, wenn es Ihnen möglich ist, auch an außerunterrichtlichen Treffen teil.

Verschiedene Anbieter, von der Polizei bis zu Institutionen (z.B. Opus) und privaten Trainern, bieten für Klassen und einzelne Schüler Kurse an, die persönlichkeitsstärkend oder direkt konfliktbewältigend sind. Die Angebote machen in der Regel Sinn; es gibt nach meinen Erfahrungen aber auch weniger seriöse Anbieter, die Wirklichkeitsfernes und Gurutum an den Mann bzw. die Klasse bringen wollen. Hier gilt es sorgfältig zu prüfen.

Auch die gesamte Schule kann etwas gegen Mobbing unternehmen. Ein Schulprogramm, das sich nicht blumig für ein positives Miteinander ausspricht, sondern konkret Mobbing als eine nicht tolerierbare Verhaltensweise anspricht, kann hier viel bewirken, besonders dann, wenn institutionelle Möglichkeiten geschaffen werden, über Mobbing zu reden (Peer-Gruppen, eine bestimmte Gesprächs- und Beschwerdekultur). Aus dem Ausland sind mir Schulen bekannt, die in ihr Schulprogramm verpflichtend aufnehmen, dass Mobbing nicht nur zu unterbleiben hat, sondern dass sich jeder einzelne Schüler dazu bereit erklären soll, aktiv gegen Mobbing vorzugehen.

Intervention gegen Mobbing

Jede Klasse hat ihr eigenes Gesicht, jeder Mobbingfall seine Eigenheiten. Deshalb gibt es leider auch nicht die Interventionstechnik schlechthin. Leider. An anderer Stelle habe ich mehrere Interventionsstrategien aufgeführt (zu Interventionsstrategien siehe: Kindler 2002). Ein Muster, das sich besonders bewährt hat, möchte ich mit Hilfe eines Beispiels vorstellen:

Vier Schülerinnen aus einer 9. Klasse baten mich um Hilfe: Seit über zwei Jahren würde in ihrer Klasse gemobbt. Das Mobbing ging von den Jungen aus, bliebe auch meist innerhalb der Jungengruppe, aber den Stress hätte die ganze Klasse. Außerdem könnten sie es nicht mehr mit ansehen, wie Kai und Bernd immer wieder fertig gemacht würden. Auf mein Nachfragen erklärten sie mir, dass die Angriffe auf Kai und Bernd meist über Kleidung, Outfit und den niedrigen Sozialstatus ihrer Eltern liefen. Der alte Klassenlehrer habe schon etwas davon mitbekommen, habe auch mal mit Konsequenzen gedroht, aber passiert sei eigentlich gar nichts. Der neue Klassenlehrer sähe sich in erster Linie als „Fachlehrer". Er wolle, dass die Schüler in seinen Stunden ruhig seien und etwas lernten.

Hier allerdings stimmte die Wahrnehmung der Schülerinnen nicht. Der Kollege erklärte sich sofort bereit, mich für zwei Doppelstunden in seiner Klasse arbeiten zu lassen. Er sagte mir auch zu, zukünftiges Mobbing zu sanktionieren und bat mich, ihn möglichst ausführlich zu informieren. Die Doppelstunde leitete ich ein mit einer klaren Zielangabe. Es ginge mir darum, über Mobbing allgemein zu informieren. Wenn es sich dann herausstellte, dass in dieser Klasse wirklich gemobbt würde, könnten wir anschließend besprechen, was konkret zu tun sei. Allerdings ginge es heute nicht darum, bestimmte Täter zu suchen und zu bestrafen. Deshalb möchte ich auch nicht, dass im Laufe des Gesprächs einzelne Schüler namentlich genannt oder gar deren Fehlverhalten öffentlich gemacht werden sollte. Diese Zielangabe macht einen Sinn. Sie nimmt der Klasse die Angst. Erfahrungsgemäß haben viele Schüler in Klassen mit langfristigem Mobbing ein schlechtes Gewissen, eben weil viele irgendwann einmal mitgemacht haben. Gelingt es nicht, die Angst vor Bloßstellungen zu nehmen, macht die Klasse zu, reagiert mit Abwehr, Schweigen und Albernheiten.

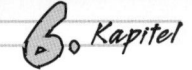

Anschließend referierte ich möglichst sachlich und auch wissenschafts-orientiert, was Mobbing ist. Allerdings konkretisierte ich meine Ausfüh-rungen mit Beispielen, die auf das Mobbing, das in der Klasse stattge-funden hatte, indirekt Bezug nahmen. Ausführlicher ging ich darauf ein, dass Attacken gegen Mitschüler nicht Ausdruck von Stärke seien, sondern ein Zeichen der Schwäche. Wer es beispielsweise nötig habe, den Reich-tum seiner Eltern zu benutzen, um andere runterzumachen, müsse ein schwaches Selbstbewusstsein haben.

Über Mobbing selbst stellte ich besonders ausführlich vier Aspekte heraus:

1. Mobbing trifft das Opfer tief und fügt ihm nachhaltige Schäden zu.
2. Mobbing greift nicht nur die Opfer, sondern die ganze Klasse an.
3. Mobbing ist ein Täterproblem. Selbst der gemeine, komische, trottelige Mitschüler muss nicht zwangsläufig gemobbt werden, sondern das ist immer eine Entschei-dung des Täters, der mobben will.
4. Jeder in der Klasse kann das Mobbing beenden, wenn er es wirklich will.

9. Klassen sind unruhig. Einen Vortrag, der über 45 Minuten geht, unter-brochen nur von wenigen Nachfragen, sollte man ihnen nicht zumuten. Hier allerdings hörte die Klasse konzentriert und sehr ruhig zu. Es gab nur wenige Nachfragen. Nach dem Referat ließ ich den Schülern einige Minu-ten Pause, um dann die nächste Phase einzuleiten. Wir bildeten einen Stuhlkreis. *„Trifft das, was ihr eben gehört habt, auf euere Klasse zu? Bitte, denkt daran, stellt jetzt bitte keinen bloß."* Oft melden sich dann Einzelne, bis nachher die gesamte Klasse am Gespräch teilnimmt. Diesmal war es anders. Die meisten Schüler hielten die Köpfe gesenkt, einige warfen verstohlene Blicke zur Seite. Das allgemeine Unbehagen war körperlich spürbar. Ich ließ mir Zeit. Fünf Minuten können sehr lang sein. Dann forderte ich die Schüler auf: *„Schaut euch mal gegenseitig an. Stellt euch vor, ein Unbeteiligter würde euch jetzt beobachten. Was würde der von euch wissen?"* Viele Finger.
„Dass bei uns gemobbt wurde." – „Dass immer noch bei uns gemobbt wird."

In nächsten Schritt bat ich die Schüler zu beschreiben, wie sich in ihrer Klasse das Mobbing konkret abgespielt habe, immer mit dem Hinweis, nicht Einzelne bloßzustellen. Das lange Schweigen musste wohl sehr belastend gewirkt haben, denn nun wurden zahlreiche Beispiele von Übergriffen genannt. Die Klasse hielt sich daran, keinen namentlich anzuprangern. Viele klagten darüber, wie sehr das Mobbing die ganze Klasse belastet und die Atmosphäre vergiftet habe. Ein Junge outete sich sogar. *„Ich habe das auch gemacht, habe mir eigentlich nichts dabei gedacht. Ich wusste wirklich nicht genau, was ich da anrichte."*

Im Gespräch mit der Klasse wurde der Wunsch deutlich, dass das Mobbing endlich ein Ende finden sollte. Deshalb schlug ich der Klasse vor, einen Vertrag auszuarbeiten, in dem sich jeder Unterschreibende verpflichtete, alle Aktivitäten zu unterlassen, die Mobbing allgemein und konkret gegen Kai und Bernd begünstigen oder fortführen, hier konkret: über Kleidung und Eltern zu lästern, Mitschüler auszugrenzen, lächerlich zu machen usw. *„Muss das jeder unterschreiben?"* – *„Nein, dazu kann man keinen zwingen. Aber eines ist auch klar: Wer jetzt wieder mobbt, wird bestraft. Und zwar deutlich. Da bin ich mir mit eurem Klassenlehrer einig."*

Der Vertrag wurde von der Klasse ausformuliert und ging zum Unterschreiben durch die Reihen. *„Meinen Sie eigentlich, dass das was nützt? Was passiert, wenn jetzt wieder welche Kai und Bernd mobben? Dann war doch alles umsonst."* – *„Dagegen können wir einen Zusatzvertrag abschließen. Etwa so: Ich verpflichte mich einzugreifen, wenn Kai oder Bernd wieder gemobbt werden, und zwar indem ich mich*

a) direkt gegen die Mobber wende,
b) den Klassenlehrer oder
c) den Verbindungslehrer informiere."

Nahezu alle Mädchen und über die Hälfte der Jungen unterschrieben den Vertrag. Vor kurzem, ungefähr ein halbes Jahr später, war ich wieder in der Klasse. Das Mobbing hat aufgehört.

Ulrich Beck:
Risikogesellschaft. Auf dem
Weg in eine andere Moderne.
Suhrkamp 1986.
ISBN 3-518-11365-8

Robert Bly:
Die kindliche Gesellschaft.
Die Weigerung erwachsen
zu werden. Kindler 1997.
ISBN 3-46340-295-5

Norbert Elias:
**Über den Prozess der
Zivilisation.** Suhrkamp 2001.
ISBN 3-518-09934-5

U. Günther/W. Sperber (Hrsg.):
**Handbuch für Kommunikati-
ons- und Verhaltenstrainer.**
E. Reinhardt Verlag 2000.
ISBN 3-497-01527-X

Wilhelm Heitmeyer u.a.:
Gewalt. Juventa 1998.
ISBN 3-7799-0431-4

Horst Hensel:
**Die neuen Kinder und die
Erosion der Alten Schule.**
Lexika Verlag 1995.
ISBN 3-8929-3190-9

Wolfgang Kindler:
Gegen Mobbing und Gewalt.
Ein Arbeitsbuch für Lehrer,
Schüler und Peergruppen.
Kallmeyer 2002.
ISBN 3-7800-4928-7

Heinz Leymann:
Mobbing. Rowohlt 1993.
ISBN 3-499-13351-2

Johanna Nilsson:
… und raus bist du!
DTV 2001.
ISBN 3-423-62064-1

W. Rautenberg/R. Rogoll:
Werde, der du werden kannst.
Persönlichkeitsentfaltung
durch Transaktionsanalyse.
Herder 2001.
ISBN 3-451-05155-9

Marshall B. Rosenberg:
Gewaltfreie Kommunikation.
Eine Sprache des Lebens.
Junfermann 2004.
ISBN 3-87387-454-7

Gerhard Schulze:
Die Erlebnisgesellschaft.
Kultursoziologie der Gegenwart.
Campus 2005.
ISBN 3-593-37888-4

Friedemann Schulz von Thun:
Miteinander Reden (Bd. 1).
Rowohlt 1981.
ISBN 3-499-17489-8

Friedemann Schulz von Thun:
Miteinander Reden (Bd. 2).
Rowohlt 1989.
ISBN 3-499-18496-6

Christian Weisbach u.a.:
Zuhören und Verstehen.
Eine praktische Anleitung
mit Übungen.
Rowohlt 1984.
ISBN 3-4980-7288-9

Man muss kein Held sein …

Soziale • Kompetenzen • fördern